DOCÊNCIA em FORMAÇÃO
Educação de Jovens e Adultos

**Coordenação:
Selma Garrido Pimenta**

© 2014 by Danilo R. Streck – Sandro de Castro Pitano
Cheron Zanini Moretti – Karine Santos
Marilene Lemes – Fernanda dos Santos Paulo

© Direitos de publicação
CORTEZ EDITORA
Rua Monte Alegre, 1074 – Perdizes
05014-001 – São Paulo – SP
Tel.: (11) 3864-0111 Fax: (11) 3864-4290
cortez@cortezeditora.com.br
www.cortezeditora.com.br

Direção
José Xavier Cortez

Editor
Amir Piedade

Preparação
Alessandra Biral

Revisão
Alexandre Ricardo da Cunha
Gabriel Maretti
Roksyvan Paiva

Edição de Arte
Mauricio Rindeika Seolin

Ilustração de capa
Antonio Carlos Tassara de Padua

Dados Internacionais de Catalogação na Publicação (CIP)
(Câmara Brasileira do Livro, SP, Brasil)

Educação popular e docência. – 1. ed. – São Paulo: Cortez, 2014. – (Coleção docência em formação: Educação de jovens e adultos / coordenação Selma Garrido Pimenta)
  Vários autores.
  ISBN 978-85-249-2311-1

  1. Educação Popular. 2. Educação Profissional – Professores – Formação 3. Professores – Formação. I. Pimenta, Selma Garrido. II. Série.

14-11749   CDD-370.71

Índices para catálogo sistemático:
1. Docentes: Formação profissional: Educação   370.71

Impresso no Brasil – novembro de 2014

Danilo R. Streck
Sandro de Castro Pitano
Cheron Zanini Moretti
Karine Santos
Marilene Lemes
Fernanda dos Santos Paulo

Educação popular e Docência

1ª edição
2014

Sumário

Aos professores 7
Apresentação da coleção 9
Introdução 19

Capítulo I   Educação com o povo: notas históricas 27
           1. Sobre o "popular": sentidos e significados . 30
           2. Educação Popular na América Latina: entre projetos educativos e o (re)fundacional 34
           3. Sobre algumas experiências libertadoras na América Latina 38
           4. A educação popular no Brasil 43
           5. Considerações finais 48

Capítulo II   Aproximações teóricas em educação popular 51
           1. Aproximações teóricas clássicas 55
           2. Aproximações teóricas interdisciplinares . 68
           3. Desafios teóricos atuais 74

Capítulo III   Quem é o educador popular? 79
           1. Explorando a expressão educador popular 85
           2. Autonomia e rebeldia na ação de ser educador popular 88
           3. Criatividade metodológica 91
           4. Respeito às culturas locais 95
           5. Leitura da realidade 98

Capítulo IV   Educação popular e políticas públicas: entre o instituído e o instituinte 101
           1. Políticas de assistência social e organizações da sociedade civil (ONGs) ... 105
           2. Tensões na implementação de políticas públicas na assistência social 108
           3. Orçamento participativo como lugar de aprender 112
           4. Diálogo entre os saberes instituídos e instituintes 117
           5. A educação popular e os dilemas da implantação do marco de referência 123

Capítulo V	Pesquisa-educação: prática docente e investigativa 129
	1. As vertentes em pesquisa-educação 132
	1.1. Paulo Freire e as palavras 'grávidas de mundo' 132
	1.2. Orlando Fals Borda e o 'socialismo *raizal*' . 135
	1.3. Carlos Rodrigues Brandão e a 'antropologia da confiança' 137
	1.4. Oscar Jara e a 'sistematização de experiências para a transformação' 141
	2. Princípios e convergências metodológicas da pesquisa-educação 146
	2.1. A igualdade como um desafio (também) epistemológico 147
	2.2. A contextualidade e historicidade do conhecimento 148
	2.3. Participação e o diálogo como ideia-força da metodologia 149
	2.4. A diversidade de mediações e de instrumentos de pesquisa 151
	2.5. A intencionalidade política do ato do conhecimento 152
Capítulo VI	A formação do educador popular 155
	1. Quem forma e onde se forma o educador popular? 158
	2. Compreender-se no binômio educador-educando 161
	3. (Des)construções coletivas 164
	4. Práticas educativas a serviço da autoridade e da liberdade 166
	5. A dimensão dos conflitos 168
	6. Saberes instituintes e instituídos na prática do educador popular 173
	7. Considerações finais 175
Capítulo VII	Educação popular e educação de jovens e adultos em diálogo 177
Educação popular na *web* 201	
Referências 205	

AOS PROFESSORES

A **Cortez Editora** tem a satisfação de trazer ao público brasileiro, particularmente aos estudantes e profissionais da área educacional, a **Coleção Docência em Formação**, destinada a subsidiar a formação inicial de professores e a formação contínua daqueles que estão em exercício da docência.

Resultado de reflexões, pesquisas e experiências de vários professores especialistas de todo o Brasil, a Coleção propõe uma integração entre a produção acadêmica e o trabalho nas escolas. Configura um projeto inédito no mercado editorial brasileiro por abarcar a formação de professores para todos os níveis de escolaridade: **Educação Básica** (incluindo a **Educação Infantil**, o **Ensino Fundamental** e o **Ensino Médio**), a **Educação Superior**, a **Educação de Jovens e Adultos** e a **Educação Profissional**. Completa essa formação com os Saberes Pedagógicos.

Com mais de 30 anos de experiência e reconhecimento, a Cortez Editora é uma referência no Brasil, nos demais países latino-americanos e em Portugal por causa da coerência de sua linha editorial e da atualidade dos temas que publica, especialmente na área da Educação, entre outras. É com orgulho e satisfação que lança a **Coleção Docência em Formação**, pois estamos convencidos de que se constitui em novo e valioso impulso e colaboração ao pensamento pedagógico e à valorização do trabalho dos professores na direção de uma escola melhor e mais comprometida com a mudança social.

José Xavier Cortez
Editor

Apresentação da Coleção

A Coleção **Docência em Formação** tem por objetivo oferecer aos professores em processo de formação e aos que já atuam como profissionais da Educação subsídios formativos que levem em conta as novas diretrizes curriculares, buscando atender, de modo criativo e crítico, às transformações introduzidas no sistema nacional de ensino pela Lei de Diretrizes e Bases da Educação Nacional, de 1996. Sem desconhecer a importância desse documento como referência legal, a proposta desta Coleção identifica seus avanços e seus recuos e assume como compromisso maior buscar uma efetiva interferência na realidade educacional por meio do processo de ensino e de aprendizagem, núcleo básico do trabalho docente. Seu propósito é, pois, fornecer aos docentes e alunos das diversas modalidades dos cursos de formação de professores (licenciaturas) e aos docentes em exercício, livros de referência para sua preparação científica, técnica e pedagógica. Os livros contêm subsídios formativos relacionados ao campo dos saberes pedagógicos, bem como ao campo dos saberes relacionados aos conhecimentos especializados das áreas de formação profissional.

A proposta da Coleção parte de uma concepção orgânica e intencional de educação e de formação de seus profissionais, e com clareza do que se pretende formar para atuar no contexto da sociedade brasileira contemporânea, marcada por determinações históricas específicas.

Como bem mostram estudos e pesquisas recentes na área, os professores são profissionais essenciais nos processos de mudanças das sociedades. Se forem deixados à margem, as decisões pedagógicas e curriculares alheias, por mais interessantes que possam parecer, não se efetivam, não gerando efeitos sobre o social. Por isso, é preciso investir na formação e no desenvolvimento profissional dos professores.

Na sociedade contemporânea, as rápidas transformações no mundo do trabalho, o avanço tecnológico configurando a sociedade virtual e os meios de informação e comunicação incidem com bastante força na escola, aumentando os desafios para torná-la uma conquista democrática efetiva. Transformar as escolas em suas práticas e culturas tradicionais e burocráticas que, por intermédio da retenção e da evasão, acentuam a exclusão social, não é tarefa simples nem para poucos. O desafio é educar as crianças e os jovens propiciando-lhes um desenvolvimento humano, cultural, científico e tecnológico, de modo que adquiram condições para fazer frente às exigências do mundo contemporâneo. Tal objetivo exige esforço constante do coletivo da escola – diretores, professores, funcionários e pais de alunos – dos sindicatos, dos governantes e de outros grupos sociais organizados.

Não se ignora que esse desafio precisa ser prioritariamente enfrentado no campo das políticas públicas. Todavia, não é menos certo que os professores são profissionais essenciais na construção dessa nova escola. Nas últimas décadas, diferentes países realizaram grandes investimentos na área da formação e desenvolvimento profissional de professores visando essa finalidade. Os professores contribuem com seus saberes, seus valores, suas experiências nessa complexa tarefa de melhorar a qualidade social da escolarização.

Entendendo que a democratização do ensino passa pelos professores, por sua formação, por sua valorização profissional e por suas condições de trabalho, pesquisadores têm apontado para a importância do investimento no seu desenvolvimento profissional, que envolve formação inicial e continuada, articulada a um processo de valorização identitária e profissional dos professores. Identidade que é *epistemológica*, ou seja, que reconhece a docência como um *campo de conhecimentos específicos* configurados em quatro grandes conjuntos, a saber:

1. conteúdos das diversas áreas do saber e do ensino, ou seja, das ciências humanas e naturais, da cultura e das artes;
2. conteúdos didático-pedagógicos, diretamente relacionados ao campo da prática profissional;
3. conteúdos relacionados a saberes pedagógicos mais amplos do campo teórico da educação;
4. conteúdos ligados à explicitação do sentido da existência humana individual, com sensibilidade pessoal e social.

Vale ressaltar que identidade que é *profissional,* ou seja, a docência, constitui um campo específico de intervenção profissional na prática social. E, como tal, ele deve ser valorizado em seus salários e demais condições de exercício nas escolas.

O desenvolvimento profissional dos professores tem se constituído em objetivo de propostas educacionais que valorizam a sua formação não mais fundamentada na racionalidade técnica, que os considera como meros executores de decisões alheias, mas em uma perspectiva que reconhece sua capacidade de decidir. Ao confrontar suas ações cotidianas com as produções teóricas, impõe-se rever suas práticas e as teorias que as informam, pesquisando a prática e produzindo novos conhecimentos para a teoria e a prática de ensinar. Assim, as transformações das práticas docentes só se efetivam à medida que o professor *amplia sua consciência sobre a própria prática*, a de sala de aula e a da escola como um todo, o que pressupõe os conhecimentos teóricos e críticos sobre a realidade. Tais propostas enfatizam que os professores colaboram para transformar as escolas em termos de gestão, currículos, organização, projetos educacionais, formas de trabalho pedagógico. Reformas gestadas nas instituições, sem tomar os professores como parceiros/autores, não transformam a escola na direção da qualidade social. Em consequência, *valorizar o trabalho docente significa dotar os professores de perspectivas de análise que os ajudem a compreender os contextos histórico, sociais, culturais, organizacionais nos quais se dá sua atividade docente.*

Na sociedade brasileira contemporânea, novas exigências estão postas ao trabalho dos professores. No colapso das antigas certezas morais, cobra-se deles que cumpram funções da família e de outras instâncias sociais; que respondam à necessidade de afeto dos alunos; que resolvam os problemas da violência, das drogas e da indisciplina; que preparem melhor os alunos nos conteúdos das matemáticas, das ciências e da tecnologia tendo em vista colocá-los em melhores condições para enfrentarem a competitividade; que restaurem a importância dos conhecimentos na perda de credibilidade das certezas científicas; que sejam os regeneradores das culturas/identidades perdidas com as desigualdades/ diferenças culturais; que gestionem as escolas com economia cada vez mais frugal; que trabalhem coletivamente em escolas com horários cada vez mais fragmentados. Em que pese a importância dessas demandas, não se pode exigir que os professores individualmente considerados façam frente a elas. Espera-se, sim, que coletivamente apontem caminhos institucionais ao seu enfrentamento.

É nesse contexto complexo, contraditório, carregado de conflitos de valor e de interpretações, que se faz necessário ressignificar a identidade do professor. O ensino, atividade característica do professor, é uma prática social complexa, carregada de conflitos de valor e que exige opções éticas e políticas. Ser professor requer saberes e conhecimentos científicos, pedagógicos, educacionais, sensibilidade da experiência, indagação teórica e criatividade para fazer frente às situações únicas, ambíguas, incertas, conflitivas e, por vezes, violentas, das situações de ensino, nos contextos escolares e não escolares. É da natureza da atividade docente proceder à mediação reflexiva e crítica entre as transformações sociais concretas e a formação humana dos alunos, questionando os modos de pensar, sentir, agir e de produzir e distribuir conhecimentos na sociedade.

Problematizando e analisando as situações da prática social de ensinar, o professor incorpora o conhecimento elaborado, das ciências, das artes, da filosofia, da pedagogia e das ciências da educação, como ferramentas para a compreensão e proposição do real.

A Coleção investe, pois, na perspectiva que valoriza a capacidade de decidir dos professores. Assim, discutir os temas que perpassam seu cotidiano nas escolas – projeto pedagógico, autonomia, identidade e profissionalidade dos professores, violência, cultura, religiosidade, a importância do conhecimento e da informação na sociedade contemporânea, a ação coletiva e interdisciplinar, as questões de gênero, o papel do sindicato na formação, entre outros –, articulados aos contextos institucionais, às políticas públicas e confrontados com experiências de outros contextos escolares e com as teorias, é o caminho a que a Coleção **Docência em Formação** se propõe.

Os livros que a compõem apresentam um tratamento teórico-metodológico pautado em três premissas: há uma estreita vinculação entre os conteúdos científicos e os pedagógicos; o conhecimento se produz de forma construtiva e existe uma íntima articulação entre teoria e prática.

Assim, de um lado, impõe-se considerar que a atividade profissional de todo professor possui uma natureza pedagógica, isto é, vincula-se a objetivos educativos de formação humana e a processos metodológicos e organizacionais de transmissão e apropriação de saberes e modos de ação. O trabalho docente está impregnado de intencionalidade, pois visa a formação humana por meio de conteúdos e habilidades de pensamento e ação, implicando escolhas, valores, compromissos éticos. O que significa introduzir objetivos explícitos de natureza conceitual, procedimental e valorativa em relação aos conteúdos da matéria que se ensina; transformar o saber científico ou tecnológico em conteúdos formativos; selecionar e organizar conteúdos de acordo com critérios lógicos e psicológicos em função das características dos alunos e das finalidades do ensino; utilizar métodos e procedimentos de ensino específicos inserindo-se em uma estrutura organizacional em que participa das decisões e das ações coletivas. Por isso, para ensinar, o professor necessita de conhecimentos e práticas que ultrapassem o campo de sua especialidade.

De outro ponto de vista, é preciso levar em conta que todo conteúdo de saber é resultado de um processo de construção de conhecimento. Por isso, dominar conhecimentos não se refere apenas à apropriação de dados objetivos pré-elaborados, produtos prontos do saber acumulado. Mais do que dominar os produtos, interessa que os alunos compreendam que estes são resultantes de um processo de investigação humana. Assim, trabalhar o conhecimento no processo formativo dos alunos significa proceder à mediação entre os significados do saber no mundo atual e aqueles dos contextos nos quais foram produzidos. Significa explicitar os nexos entre a atividade de pesquisa e seus resultados, portanto, instrumentalizar os alunos no próprio processo de pesquisar.

Na formação de professores, os currículos devem configurar a pesquisa como *princípio cognitivo*, investigando com os alunos a realidade escolar, desenvolvendo neles essa atitude investigativa em suas atividades profissionais e assim configurando a pesquisa também como *princípio formativo* na docência.

Além disso, é no âmbito do processo educativo que mais íntima se afirma a relação entre a teoria e a prática. Em sua essência, a educação é uma prática, mas uma prática intrinsecamente intencionalizada pela teoria. Decorre dessa condição a atribuição de um lugar central ao estágio, no processo da formação do professor. Entendendo que o estágio é constituinte de todas as disciplinas percorrendo o processo formativo desde seu início, os livros da Coleção sugerem várias modalidades de articulação direta com as escolas e demais instâncias nas quais os professores atuarão, apresentando formas de estudo, análise e problematização dos saberes nelas praticados. O estágio também pode ser realizado como espaço de projetos interdisciplinares, ampliando a compreensão e o conhecimento da realidade profissional de ensinar. As experiências docentes dos alunos que já atuam no magistério, como também daqueles que participam da formação continuada, devem ser valorizadas como referências importantes para serem discutidas e refletidas nas aulas.

Considerando que a relação entre as instituições formadoras e as escolas pode se constituir em espaço de formação contínua para os professores das escolas assim como para os formadores, os livros sugerem a realização de projetos conjuntos entre ambas. Essa relação com o campo profissional poderá propiciar ao aluno em formação oportunidade para rever e aprimorar sua escolha pelo magistério.

Para subsidiar a formação inicial e continuada dos professores onde quer que se realizem: nos cursos de licenciatura, de pedagogia e de pós-graduação, em universidades, faculdades isoladas, centros universitários e Ensino Médio, a Coleção está estruturada nas seguintes séries:

Educação Infantil: profissionais de creche e pré-escola.

Ensino Fundamental: professores do 1º ao 5º ano e do 6º ao 9º ano.

Ensino Médio: professores do Ensino Médio.

Ensino Superior: professores do Ensino Superior.

Educação Profissional: professores do Ensino Médio e Superior Profissional.

Educação de Jovens e Adultos: professores de jovens e adultos em cursos especiais.

Saberes pedagógicos e formação de professores.

Em síntese, a elaboração dos livros da Coleção pauta-se nas seguintes perspectivas: investir no conceito de *desenvolvimento profissional*, superando a visão dicotômica de formação inicial e de formação continuada; investir em sólida formação teórica nos campos que constituem os saberes da docência; considerar a formação voltada para a profissionalidade docente e para a construção da identidade de professor; tomar a pesquisa como componente essencial da/na formação; considerar a prática social concreta da educação como objeto de reflexão/formação ao longo do processo formativo; assumir a visão de totalidade do processo escolar/educacional em sua inserção no contexto sociocultural; valorizar a docência como atividade intelectual, crítica e reflexiva; considerar a ética como fator fundamental na formação e na atuação docente.

São Paulo, 21 de fevereiro de 2012
Selma Garrido Pimenta
Coordenadora

Introdução

Introdução

A educação possui muitas faces. Grupos sociais, classes e indivíduos apresentam compreensões diferentes do que seja a melhor educação. A formação docente desempenha o papel de ampliar e aprofundar o olhar sobre as educações possíveis e ajudar cada educador e educadora a buscar a sua posição diante desse panorama multifacetado. Isso, como sabemos, não é uma tarefa apenas daquilo que se convenciona chamar de formação inicial, mas é um desafio permanente para educadores e educadoras.

Este livro trata da educação popular como parte da coleção "Docência em Formação", integrando a série "Educação de Jovens e Adultos". Há uma proximidade histórica na América Latina entre a educação popular e a Educação de Jovens e Adultos (EJA). Mesmo assim, convém explicitar algumas razões que justificam sua inclusão em projetos de formação de educadores, seja em cursos universitários, seja em processos de capacitação de profissionais já atuantes, seja como uma busca pessoal de educadores e educadoras.

A primeira razão refere-se ao fato de que a educação popular é uma prática educativa e uma proposta pedagógica que se situa dentro e diante dos conflitos históricos das sociedades latino-americanas. Ela surge como uma manifestação que questiona a ordem de quem sabe e não sabe, quem ensina e aprende, de quem manda e a quem obedece. Palavras como conscientização, libertação, *empoderamento*, humanização e emancipação, em lugares e tempos diferentes, procuram nomear os fins dessa educação. Estes dizem respeito ao destino da sociedade e ao tipo de mundo que pretendemos construir e por isso precisam estar na pauta de nossas discussões.

Uma segunda razão, ligada à primeira, é que a educação popular se constitui como uma prática pedagógica que se alimenta das lutas de resistência e da criatividade dos povos da América Latina e, por isso, valoriza os conhecimentos aqui produzidos. Se "modas pedagógicas" se sucedem é porque talvez falte levar a sério a recomendação de José Martí que deveríamos, em *nuestra América*, estar abertos ao mundo, mas que o tronco deveria ser o nosso. O que é esse tronco senão as culturas aqui produzidas ao longo do tempo e que criaram também suas pedagogias, ou seja, suas maneiras de ensinar e aprender, de acordo com as mais variadas visões de mundo e sua concepção de ser humano e sociedade?

O livro tem início com uma breve história da educação popular, buscando contextualizá-la no cenário latino-americano. Houve um tempo em que o nome educação popular se referia à educação pública, ou seja, de todo o povo de uma nação. A partir da década de 1950, essa denominação adquire uma conotação que marca a sua contraposição ao modelo hegemônico de educação, que na América Latina foi cruelmente excludente. Basta lembrar que, na década de 1960, quando Paulo Freire experimentou um método de alfabetização inovador e revolucionário, a população acima de quinze anos do Brasil contava com 39,7% de analfabetos. Este capítulo relembra momentos, pessoas e movimentos que foram importantes para a construção daquilo que hoje se compreende por educação popular.

Segue-se uma reflexão sobre algumas características da pedagogia da educação popular e a identificação de algumas aproximações teóricas que entram em sua construção. Quem sabe, dada a diversidade, poderíamos inclusive falar de pedagogias, no plural. São recriações em espaços sociais e políticos diferentes e que por isso também "bebem" de fontes diferentes, desde teorias clássicas de origem europeia até interpretações locais da realidade vivida. Destaca-se a importância da cultura como uma espécie de matriz sobre a qual as diferentes propostas são construídas. Os nomes de autores e de teorias mencionados no texto objetivam servir como um convite para aprofundamentos.

No capítulo III, questiona-se sobre quem é o educador popular. O argumento é que não se trata de demarcar um grupo de especialistas em educação popular, em contraposição aos demais que seriam os outros. Quem sabe nem exista o educador ou a educadora popular como uma entidade fixa, mas eles se revelam como emergências em qualquer contexto em que se luta pela igualdade, pela justiça social e pelo reconhecimento do diferente. O educador popular, nesse sentido, pode ser encontrado nos movimentos populares, nas escolas e universidades, na execução das políticas sociais, na Educação de Jovens e Adultos, nas organizações não governamentais

(ONGs), entre outros lugares. Queremos, nesse capítulo, identificar algumas premissas e características que permitem identificar este sujeito pedagógico.

De maneiras diferentes, a educação popular tem conquistado espaço nas políticas públicas. Ela está presente em políticas na área da saúde e da assistência social, é um elemento propulsor de programas como o Fome Zero e Orçamento Participativo, embasa o trabalho da Rede de Educação Cidadã (Recid), podendo ser considerada a dimensão pedagógica dos movimentos sociais populares. De forma ainda mais abrangente, ela esteve presente na luta por muitas conquistas no âmbito social que passaram a integrar a constituição promulgada em 1988. No quarto capítulo, a educação popular será vista na tensão entre uma prática que se dá nas margens da sociedade, representando uma força "instituinte" que permanentemente questiona o "instituído".

O capítulo V trata da relação da educação popular com a pesquisa. Historicamente pode-se considerar a educação popular como irmã gêmea da pesquisa participante e outras variantes investigativas semelhantes. Ambas apresentam como pressuposto que o conhecimento é produzido na intersubjetividade, na "comunhão" de sujeitos que conhecem o seu mundo ao transformá-lo. Em certa medida, todo educador é um pesquisador. Nesse capítulo, pretende-se oferecer reflexões e ferramentas que ajudem o educador a desenvolver a dimensão da pesquisa como parte da docência.

O capítulo VI gira em torno da pergunta: como se forma o educador popular? Parte-se do princípio de que o educar e o educar-se encontram sua razão de ser na incompletude humana. São abordados temas como o binômio educador-educando, as (des)construções coletivas, o caráter e papel do compromisso político e da militância, a dimensão dos conflitos, entre outros. Volta-se também à clássica pergunta proposta por Karl Marx: "Quem forma o educador?" A essa questão, podemos acrescentar outras: "Onde se forma o educador popular?"; "Qual é o papel das diferentes agências formadoras?"; "Em que medida formação é sempre autoformação dentro de um coletivo, em um movimento de reciprocidade?"

O livro termina como um diálogo entre os autores. Propusemo-nos, nesse exercício coletivo, tomar como objeto de reflexão a relação entre educação popular e Educação de Jovens e Adultos. Em sua história mais recente, no início da segunda metade do século passado, a educação popular esteve sempre muito próxima do movimento de educação de adultos e foi nesse campo que as experiências fundantes aconteceram. As políticas recentes incorporaram a Educação de Jovens e Adultos como uma das modalidades integradas no sistema oficial de ensino, em que busca constituir-se como um espaço pedagógico com características próprias. Como podemos perceber nesse diálogo, a educação popular entra como parceira privilegiada nessa busca.

Os autores

Capítulo I

Educação com o povo: notas históricas

Educação com o povo: notas históricas

É possível que, se questionados sobre quais são os referentes em educação popular, graduandos em pedagogia ou estudantes de especializações façam referência imediata, e justa, a Paulo Freire. Na mesma direção, quando (e se) questionados sobre outros educadores e outras educadoras que possuem igualmente um compromisso ético-político com as classes populares, com metodologias próprias e libertadoras, poderiam nos confirmar a escassez, ou a ausência, da memória da educação popular, bem como a invisibilidade de homens e de mulheres que combinam educação com projeto de sociedade, em nosso continente.

De modo geral, a memória mais recente sobre a educação popular remete-nos à sua íntima relação com os movimentos sociais, com grupos e associações populares na luta contra práticas culturais e educativas *hegemonizadoras* tendo em vista a criação de uma nova ordem social, cultural, política e epistemológica.

Neste capítulo, apresentamos dois aspectos que marcam a história da educação popular: o primeiro refere-se às compreensões sobre o qualificativo popular na educação; e o segundo, sobre as possíveis caracterizações históricas da educação feita "com" e "para" o povo e em seu favor.

1. Sobre o "popular": sentidos e significados

Compreende-se que a história da educação popular parte do encontro violento entre o colonizador-colonizado e um projeto de modernidade inconcluso, na América Latina, que refundamenta/ressignifica/reinventa/refunda o popular (Weinberg, 1984). A década de 1990, por exemplo, é apontada como a de tempos de revisões para a educação popular desde as perspectivas teórico-práticas, metodológicas, dos fins dos próprios sujeitos implicados no processo educativo. Foi um tempo também no qual os próprios educadores e educadoras procuraram compreender o novo momento da modernidade na educação popular (Paludo, 2006).

O popular encontra, na educação forjada em movimentos de resistências dos povos tradicionais/originários, como os dos indígenas Guarani, localizados no Brasil e no Paraguai, e os zapatistas, no México; nas emancipações políticas e na constituição das jovens repúblicas latino-americanas, como Cuba (José Martí) e Venezuela (Simón Rodríguez) e, nas múltiplas experiências que atravessaram o século XX, perseguindo a justiça social, como na educação indígena, campesina e operária proposta por José Carlos Mariátegui, do Peru – para citarmos alguns exemplos, aos dias de hoje, seus múltiplos espaços instituídos e instituintes, mas também seus múltiplos sentidos e significados.

De acordo com Aranha (1996), é necessário compreender o qualificativo que acompanha essa educação, em cada contexto em que se encontra. Na Roma Antiga, por exemplo, se usava o termo *populus* para designar o conjunto de cidadãos, de modo geral, e para se referir aos integrantes de famílias privilegiadas, em particular; ou ainda, chamavam de *plebs* àqueles e àquelas que não eram parte da nobreza *patrícia*, ou seja, o sentido de povo ou popular estava associado às classes consideradas inferiores, não participantes da cidadania. Portanto, há uma distinção de classe importante nos sentidos e significados que correspondem, não apenas à distribuição desigual dos bens materiais, como também dos bens culturais. Divisões e desigualdades aprofundadas com o advento da sociedade de classes e que justificam uma educação própria para a formação e manutenção das elites e outra correspondente à formação e manutenção da classe trabalhadora.

No caso brasileiro, o aspecto popular pode ser relacionado ao confronto entre os indígenas e os portugueses no processo de colonização do País, o que se confunde com a história da Companhia de Jesus e o seu projeto de catequização, como também às políticas de manutenção de uma minoria branca, elite surgida no Período Colonial, que dependia da "instrução primária, gratuita para todos os cidadãos", em que escravos negros e indígenas marginalizados eram excluídos dessa categorização. Assim, educação popular refere-se à educação dada ao povo, mas não feita com/por ele. O popular na educação, portanto, nem sempre esteve atrelado aos projetos emancipatórios.

No senso comum, é recorrente atribuir o sentido de "povo" ao termo "popular", como sinônimo de "educação para o pobre" ou de "educação de menor valor". Ou ainda, é comum confundir educação popular com educação pública. Contudo, aqui tomamos uma posição política quanto ao termo, partilhando da definição de Brandão (1980), que não desvincula da educação popular seu sentido político e de classe, o que pressupõe: processo de libertação via conscientização e luta política. O povo beneficia-se da educação que constrói a várias mãos. Pode-se encontrar esse sentido nos escritos de Beisiegel (1992), Souza (1999), Freire (1997) e Paludo (2006).

À primeira vista, esse cunho político é herdado dos movimentos de cultura popular dos finais dos anos de 1950 e início dos anos de 1960, no Brasil, porque se esperava que desses emergissem trabalhos políticos importantes com as classes populares por meio da educação (Brandão, 2009) e da auto-organização. No Brasil, os anos de 1980 propiciaram outra dimensão à perspectiva dessa educação quando se vinculou imediatamente a organização popular aos processos participativos dos movimentos de abertura à democracia.

Também encontramos na história do Brasil, por exemplo, projetos identificados com certo populismo ou assistencialismo, voltados para o processo de "modernização", que pressupunha uma sociedade industrializada e uma educação bancária que não possuíam um projeto de ruptura com o capitalismo. Em oposição aos movimentos populistas de caráter assistencialista, citamos os próprios movimentos de cultura popular (1950-1960) que compreendiam o popular como concepção política de libertação dos oprimidos por meio de práticas formativas de educação (Brandão, 2009) – que abrangem a dimensão política, pedagógica e cultural não hegemônica, comprometidas com o processo de libertação dos oprimidos.

Se o popular, em uma concepção crítica, dialógica e de classe, possui seu sentido e significado no rompimento com as relações de mercantilização da vida e de todo o tipo de opressão, então projetos de acesso e de permanência à educação, via políticas públicas, não são necessariamente tomados como educação popular, mesmo sendo frutos de mobilizações sociais, mas em seu sentido público, o que, nesse caso, significa o mesmo que educação estatal, distinguindo-se do sistema privado. Podemos citar o direito à educação escolarizada. A educação popular, portanto, não pode ser confundida como extensão de democratização da escola; nem todas as políticas de acesso à educação destinada aos populares são, necessariamente, espaço da "educação popular" no sentido político que se lhe atribui nos processos emancipatórios. Porém, paradoxalmente, é possível que a educação escolarizada esteja orientada a transformar a ordem social, assim como o próprio sistema educacional.

Nesse sentido, é importante conhecer e analisar criticamente as experiências que seguiram a marcha, em espiral, da história da educação popular na América Latina e no Brasil, do encontro violento aos dias de hoje, entre seu sentido público e de classe, para compreender os sentidos e significados do "popular", tendo como fio condutor a concepção de educação popular cujo desafio é construir um projeto civilizatório contra-hegemônico.

2. Educação Popular na América Latina: entre projetos educativos e o (re)fundacional

Ainda que na América Latina tenha se cumprido um programa em educação sob o domínio do neoliberalismo, a história segue tendo um peso importante na "recuperação da dignidade política e social" (Puiggrós, 2014, p. 103) e para a educação libertadora, no continente. O bicentenário, recém-completado, das independências de nossos países indica que, em termos gerais, se tem cumprido um programa com concepção e linha política em matéria educativa.

São apontados por Adriana Puiggrós (2014), pelo menos, quatro propostas ao longo da história da educação. A primeira é representada por Simón Rodriguéz (1771-1854), o mestre de Simón Bolívar (1783-1830), cujas ideias giravam em torno da defesa de um sistema escolar latino-americano que deveria constituir-se de pobres, negros e índios que "seriam o coração da educação, seu núcleo mais significativo" (Idem, p. 104), outorgando o sentido de popular à educação dos excluídos. Foi ele quem cunhou a máxima: "inventamos ou erramos", uma vez que entendia que a educação estava além dos bancos escolares, e deveria estar comprometida com a construção das jovens repúblicas; por meio da educação, defendia reformas profundas no sistema colonial que incluía a jornada de trabalho de 6 horas diárias e remuneração adequada aos professores. Era dever político do Estado garantir a educação popular. No entanto, é importante destacar que sua proposta de educação, para além da constituição de escolas para esse tempo, era "um meio de transformação de um tipo de sociedade para criar outra" (Streck; Adams; Moretti; 2010, p. 60). Da educação básica, dependiam o futuro das crianças e a possibilidade da concretização do projeto de vida republicana.

Conforme a caracterização de Puiggrós (2014), as demais propostas eram: da direita conservadora, porta-voz da Igreja Medieval, na medida em que os setores populares deveriam receber uma educação de menor categoria que a classe privilegiada; além desta, a proposta que vem desde o século XIX e tem os liberais como ideólogos, como o argentino Domingo Faustino Sarmiento (1811-1888) que adotou o termo "educação comum" para educação primária correspondente ao grau que um povo culto recebe para desempenhar suas funções na "vida civilizada". Embora defendesse a instrução pública e a educação comum ao povo da América Latina, ele estava convencido da carência de inteligência e das incapacidades dos indígenas, dos negros e dos gaúchos, o que reforçou seu pessimismo com relação às possibilidades de "progresso" a esses setores ou com relação ao advento da modernidade no continente. Sarmiento (1811-1888) foi um dos responsáveis por cunhar o antagonismo "civilização e barbárie" como conceito organizador do discurso liberal latino-americano (Puiggrós, 2010) que, sobre a educação, era o de preparar a população para atuar no incipiente setor industrial, complemento às economias das jovens nações. E, por fim, um programa impulsionado pelo neoliberalismo. Este, no entanto, hegemônico desde a última década do século XX, com base na desestruturação e na privatização dos sistemas educativos.

Desde a perspectiva contemporânea da educação popular, encontramos na abordagem de Torres Carrillo (2013) as características fundacionais. Para esse autor, a educação popular refere-se à interpretação crítica da realidade e, por essa razão, possui um caráter gnosiológico; posiciona-se diante da realidade e constrói alternativa, portanto possui um caráter político; orienta ações práticas e teóricas para a transformação de determinada realidade, logo é tanto individual quanto coletiva. Além disso, os sentidos e os significados das experiências educativas populares encontram nas práticas e nos conhecimentos potencial libertador. Não se trata de aplicação, mas de sua (re)criação e (re)invenção nos contextos e por meio das "possibilidades temáticas" em que estão situados os sujeitos.

A educação popular possui uma "acumulação própria de pensamento" (Torres Carrillo, 2013) que pode ser entendida, também, a partir das experiências dos movimentos sociais e populares que buscam a própria produção de metodologias, conhecimento e poder. Assim, quando se questiona o popular em seu sentido público, isso ocorre em razão de seu caráter problematizador diante do poder dominante nos espaços e nos sistemas de educação instituídos. As metodologias alternativas e as intencionalidades políticas buscam transformar as relações de poder e as práticas dominantes na educação.

No entanto, nos anos da década de 1990, se impôs uma compreensão de que o popular já não significava classe, porque, no triunfo do neoliberalismo, como sistema político sob a hegemonia do capitalismo, o pensamento único apropriou-se do sentido contra-hegemônico do popular para vinculá-lo, imediatamente, a um caráter populista encobrindo suas dimensões culturais, sociais, econômicas e políticas. Daí o debate *refundacional* sobre a educação popular, que diz respeito ao reconhecimento do esgotamento da ocupação do poder de Estado para a construção do socialismo (Torres Carrillo, 2013).

De acordo com Puiggrós (2014, p. 117), o processo de "descolonização global do pós-guerra melhorou a posição cultural dos povos do então chamado 'Terceiro Mundo', mas pouco influenciou para que se resolvesse a incorporação ao ensino formal", ou seja, a uma incorporação que não reproduzisse os parâmetros da inclusão social de perpetuação das injustiças sociais. Essa constatação poderá nos levar à leitura de que os duzentos anos de escolarização da educação, por si só, não produziram mudanças na situação econômica e social das pessoas. No entanto, ao mesmo tempo, isso nos permite considerar que não se pode prescindir das políticas educacionais para a realização das transformações.

Os movimentos sociais e populares, como sujeitos coletivos, também são produtos das relações sistema-mundo que não só impuseram, uma proposta de educação, como também produziram um determinado "esquecimento" de outras práxis educativas. A imposição colonial-moderna silenciou culturas e pedagogias. Mesmo que exista a recusa em reconhecer, por parte de quem domina a cultura e os direitos dos povos campesinos indígenas, por exemplo, os métodos criativos e alternativos próprios de sua sobrevivência e de sua resistência, estes têm sido a outra parte da realidade feita na/da experiência educativa. A educação popular, em seus mais variados sentidos e significados, trata de explicitar essas pedagogias e metodologias alternativas, cujo sentido de público possui sua raiz nas necessidades daqueles e daquelas que estão abaixo da linha abissal, na zona do não ser (Moretti, 2014).

3. Sobre algumas experiências libertadoras na América Latina

A história da educação popular está relacionada à trajetória de luta dos movimentos sociais populares na América Latina e, como se pode observar, é a dimensão política de suas propostas educativas, sua identidade de classe e suas práxis pedagógicas que contrariam alguns aspectos da visão de mundo dominante que os une.

Algumas experiências em educação em *nossa América* rompem com a "cultura do silêncio" (Freire, 2004) que oprime, conserva a desigualdade e práticas autoritárias, limitando a construção da sociedade democrática e justa que se busca. Nas experiências dos indígenas Guarani, por exemplo, os principais mecanismos de educação são o exemplo, a comunicação oral e a aceitação ou rejeição na vida social. Sua compreensão é de que todo o conhecimento de um indivíduo é valorizado e caracterizado como bom na medida em que beneficie toda a comunidade. Não estão instituídas pedagogias que, na compreensão moderna, implicam sistematizar os saberes sobre o fazer educativo, porém as e os indígenas compreendem que se educam por meio da vida em comunidade e que isso compreende a "presença encarnada das palavras-alma que se manifestam ao falar nas assembleias comunitárias e, sobretudo, nos grandes rituais" (Meliá, 2010, p. 43). A educação de sua palavra corresponde ao mesmo que aprender a escutar o que será recebido do "alto", para, então, poder dizê-la.

Na educação indígena maia, também, as palavras possuem importância no processo educativo. Para Lenkersdorf (2011), o ato da escuta é problematizadora, enquanto o ouvir "é um filtro não muito afinado" e descomprometido com quem fala. Nesse sentido, os camponeses indígenas zapatistas herdaram, dessa cultura ancestral, o escutar, cuja implicação educativa é condição para que sua prática seja democrática porque exige uma postura participativa no ato-comunicativo. Na cultura maia, não apenas se escuta em nível social, mas também em nível de natureza, contrariando a racionalidade dominante em que se escuta pouco em nível social e menos ainda em nível natural (Lenkersdorf, 2011). Assim como a escuta coloca os sujeitos em relação de horizontalidade como dialogantes, em nível natural, também se estabelece uma relação de "igualdade". Tal compreensão contraria o pensamento moderno em que a visão é o sentido privilegiado no processo de construção do conhecimento, separando-se a humanidade da natureza. Assim, além de uma cosmovisão e de uma *cosmovivência*, a cultura maia é feita também de uma *cosmoaudição*.

Aprender a escutar pode ter sido a principal herança ancestral maia que, também, pode ser compreendida como ato fundacional do Exército Zapatista de Libertação Nacional (EZLN) (Moretti, 2014) organizado no sudeste mexicano, na atualidade. Para o subcomandante insurgente Marcos (2014, p. 162), essa organização foi-se construindo a partir da palavra aprendida e se "transformou logo numa organização não só de milhares de combatentes, mas sim claramente 'fundida' com as comunidades indígenas". A instituição de um sistema educativo rebelde autônomo zapatista é claramente uma resposta ao sistema escolarizado, oferecido pelo Estado, que atendeu às reformas neoliberais da década de 1990. A autonomia aparece no zapatismo do século XXI como um referente político-moral para os indígenas em rebeldia. De acordo com sua compreensão, as escolas oficiais só poderão servir como mecanismo de regulação social e política, atendendo ao projeto político-pedagógico da sociedade dominante, ou seja, uma educação condenada a ser puro treino (Moretti, 2008).

Mais próximo às ideias de Simón Rodriguéz (que defendia a educação como direito de todos, autêntica e necessária para a criação de uma sociedade republicana), está José Julián Martí Pérez (1853--1895). Para isso, ele defendia a emancipação dos escravos, a transformação e diversificação produtiva por meio da incorporação das conquistas das tecnologias e da ciência, acompanhadas da emancipação das ideias. Martí (2006, p. 84) afirma que "ser culto é a única forma de ser livre" porque as jovens repúblicas não apenas devem estremecer as 'cadeias dos senhores', mas quando tenham arrancado de seu ser os "vícios da vencida escravidão", ou seja, sua radicalidade em matéria de educação está na ruptura com o servilismo colonial. Os novos governos latino-americanos deveriam ser educados de forma que pudessem criar as próprias formas: "a escola é a raiz das repúblicas". Mas, para isso, é necessária uma educação condizente com a própria época em que se vive, preparando homens e mulheres para a vida.

Para Martí, a educação popular não é mera instrução, contradizendo o cientificismo positivista, mas é aquela que precisa partir da realidade cultural e social do povo para, então, compreendê-la e transformá-la (Streck, 2010; Moretti, 2008). Essa característica será fundante na educação popular libertadora que conhecemos no final da primeira metade do século XX. Para o libertador cubano, a filosofia e a educação das jovens repúblicas deveriam contrariar a instrumentalização da educação para a "repetição", mas deveriam alimentar-se da criticidade e da curiosidade. Segundo esse autor, o mestre deveria ir ao encontro do povo levando não apenas o conhecimento científico de sua época, mas também a ternura. A educação *martiana* acompanhava os movimentos da sociedade e da vida, não pela superação da barbárie por meio da civilização, como defendia o argentino Sarmiento, mas por meio do reconhecimento das características próprias da mestiçagem latino-americana, de sua natureza, em relação à "falsa erudição" porque se sabe que se imita demais ao norte.

Outra voz dissonante é a do peruano José Carlos Mariátegui (1894-1930), que defendeu as propostas socialistas "na" e "para" a América Latina. Para ele, a revolução latino-americana deveria incluir objetivos agrários e anti-imperialistas, pois em um continente dominado só pode se constituir um capitalismo dependente. Assim, a tarefa histórica das transformações estaria ligada particularmente ao campo, justificado pela sobrevivência de vestígios de um "comunismo inca". Ciência e consciência devem fazer parte da identidade latino-americana para poder avançar. A educação, da mesma forma, seria própria dos indígenas e estaria diretamente relacionada com as transformações estruturais da sociedade peruana. Na opinião de Mariátegui, era importante a democratização e a socialização da terra a fim de que o índio tivesse condições de melhorar sua situação, tanto no país quanto em todo o continente. Ele não propunha uma pedagogia específica, mas indicava na "autoformação", no controle dos métodos e dos conteúdos de ensino pelas massas populares, os meios de construir uma "consciência revolucionária". Considerava, também, que a principal proposta das Universidades Populares deveria ser de constituir uma cultura, uma nova experiência intelectual dentro do proletariado, que representava um esforço para mudar as estruturas sociais e educativas. Para enfrentar a reforma universitária nos moldes da Argentina, à época, ele defendeu a unidade entre o movimento estudantil e o movimento operário cujo conceito "moderno" de escola incluía trabalho manual e trabalho intelectual no mesmo ambiente. Para Mariátegui (*apud* Pericás, 2010, p. 252), "desde a infância haveria uma separação por classes, facilitando a ascensão dos alunos das elites e impedindo o desenvolvimento intelectual e, posteriormente profissional, dos estudantes pobres".

4. A educação popular no Brasil

No Período Colonial. A educação que prevalece no Brasil colonial é elitista e declaradamente comprometida com um modelo econômico dependente e agroexportador, o que contribuiu para o descaso com a educação dos populares. Com a expulsão dos jesuítas, em 1759, e as reformas realizadas pelo Marquês de Pombal (1699-1782), no momento seguinte, iniciou-se a organização do ensino público e leigo, porém sem muita efetividade. Em 1808, com a chegada da família real, priorizou-se a organização das escolas de ensino superior, abandonando, praticamente, os demais níveis de escolarização. Foi nesse mesmo período, também, que a burguesia nascente do comércio e da burocracia passou a procurar a escolarização como forma de diferenciação das classes subalternas. A situação da educação popular no Período Colonial, mesmo após a

Proclamação da Independência (1822), manteve-se praticamente inalterada, a não ser pelas raras escolas agrícolas e de artífices cujo propósito era atender às crianças em situação de abandono ou de orfandade.

No Período Republicano. É possível afirmar que as mudanças no sistema de ensino brasileiro passam a acontecer após a Primeira Guerra Mundial (1914-1918), ou seja, quando se experienciou um processo de urbanização e industrialização acelerado no País. A mudança (mesmo que parcial) da economia levou à necessidade de escolarização e, com ela, também, à necessidade de reformas educacionais inspiradas e orientadas pelos princípios liberais da Escola Nova. O documento que marca a defesa da educação leiga, nacional e gratuita é o *Manifesto dos pioneiros da educação*, em 1932, que previa a organização da educação popular e a abolição de privilégios. Já nos anos de 1950, podemos dizer que o embate mais significativo esteve entre os progressistas, identificados como escolanovistas, que intensificaram sua oposição à educação conservadora de católicos pelas escolas particulares que buscavam mantê-las com recursos públicos. Então, foi em 1960 que surgiram os movimentos de educação popular engajados na conscientização dos excluídos por meio da alfabetização e a partir da cultura popular. Para Haddad e Di Pierro (2000), o período compreendido entre 1950 em 1964 foi uma época das luzes para a educação de adultos, sobretudo.

Os movimentos de educação popular. Entre os movimentos que se espalharam pelo Brasil, a partir dos anos de 1960, pode-se citar o Movimento de

Cultura Popular (MCP), criado no Recife, em que Paulo Freire foi um dos principais protagonistas e cujo método de alfabetização obteve importantes repercussões. Diante dos bons resultados dessa experiência, o governo brasileiro previa ampliá-lo no Plano Nacional de Alfabetização (PNA). No entanto, com o Golpe Civil-Militar de 1964, os planos de erradicar o analfabetismo com o método freiriano, nos mais de vinte mil Círculos de Culturas planejados, foram interrompidos de forma que não se permitiu avançar na educação das classes populares. Nesse período, o projeto educativo que teve espaço era, sobretudo, tecnicista, assim como quem se beneficiou de uma legislação com caráter muito amplo das competências foram os setores empresariais e confessionais que acabaram por controlar o sistema de ensino nacional. Foi nesse período, também, que surgiram o Movimento Brasileiro de Alfabetização (Mobral) e o Projeto Minerva (curso supletivo de primeiro grau) para superar os altos índices de analfabetismo, desde seu caráter formal e estatístico. Sobre o primeiro, Gadotti (1996, p. 102) afirmava ser a pedagogia do colonizador a serviço da dominação cultural. "Foi no momento em que esse sistema econômico necessitava de mão de obra semianalfabeta, submissa e obediente aos seus ditames que o analfabeto constituiu-se em problema". Em outras palavras: o Mobral atendia às necessidades ditadas pelo mercado de trabalho e coincidia com o avanço da mercantilização do ensino, na década seguinte.

Além do já mencionado MCP, é importante citar a campanha "De pé no chão também se aprende a ler", realizada pela Secretaria Municipal de Educação de Natal (RN), em 1961; o Movimento de Educação de Base (MEB), criado pela Igreja Católica, nesse mesmo ano, com apoio do Governo Federal; os Centros de Cultura Popular ligados à União Nacional dos Estudantes (UNE), em 1962; a Campanha de Educação Popular da Paraíba, em 1962, e o Plano Nacional de Alfabetização do Ministério da Educação e Cultura (MEC), de 1963. São referentes importantes da educação que, sobretudo, funcionavam no âmbito do Estado ou sob seu financiamento. Esses "apoiavam-se no movimento de democratização de oportunidades de escolarização básica dos adultos, mas também representavam a luta política dos grupos que disputavam o aparelho do Estado em suas várias instâncias por legitimação de ideais via prática educacional" (Haddad; Di Pierro; 2000, p. 113). Aliada aos direitos universais à educação, havia a ação conscientizadora e organizadora dos sujeitos coletivos. A educação popular ficou marcada, portanto, como uma ferramenta de ação política. Foi exatamente nesse mesmo período que se atribuiu à educação de adultos seu compromisso de resgatar e valorizar os saberes populares, fazendo dessa meta o motor de um movimento mais amplo de valorização da cultura popular (Haddad; Di Pierro; 2000).

Nos "anos de chumbo", foi instituído o aparato repressivo, como resposta do Estado ditatorial, como pudemos observar com as políticas aplicadas no processo de interrupção das alternativas pedagógicas e de programas de alfabetização com declarada postura política. De acordo com Haddad e Di Pierro (2000), o Estado exerce sua função coercitiva, para garantir a "normalização" das relações sociais, e isso implicava acabar com as práticas educativas comprometidas com os interesses populares. Porém, a educação popular e as diversas práticas educativas de reafirmação dos interesses populares persistiram, ainda que de modo disperso e quase que clandestino no âmbito da sociedade civil. Já nos anos de 1980, período de redemocratização, a redação da nova constituinte não garantiu o fim dos privilégios do setor privado da educação, ainda que o Estado tenha assumido a obrigatoriedade e a garantia da gratuidade do ensino e, além disso, se tenha extinguido o Mobral, política fartamente identificada com o autoritarismo do período anterior.

Foi, portanto, no final da referida década, que surgiu o Movimento de Alfabetização de Jovens e Adultos (Mova), contraponto importante à experiência do movimento brasileiro de alfabetização, sobretudo, quanto à concepção político-pedagógica e quanto ao projeto de sociedade. No cenário da então recente democratização do Estado brasileiro, essa experiência procurou estabelecer vínculos entre a federação e a sociedade civil organizada como forma de fortalecer as políticas educacionais que propunham a participação ativa dessa última, inclusive, indicando os educadores e as educadoras populares da própria comunidade para o exercício da docência, bem como para sua formação nas universidades.

Os princípios suleadores dessa formação inspiraram-se em Paulo Freire e, conforme Borges (2009), o próprio conceito de "movimento" se opôs ao de "campanha" que estava associado ao ensino supletivo, compensatório e assistencialista. Ao contrário da educação como suplência, um dos objetivos do Mova foi "reforçar o incentivo à participação popular e a luta pelos direitos sociais do cidadão, ressaltando o direito básico à educação pública" (Freire, 2006, p. 69), voltada a uma leitura crítica da realidade e para sua transformação.

Ao longo dos anos, a educação popular veio assumindo uma perspectiva mais ampla e, de todos os modos, veio reforçando seus diferentes lugares e as suas capacidades criativas em propostas metodológicas, resistências e diálogos conforme seus objetivos. A partir de 2003, a consolidação da Rede de Educação Cidadã (Recid) tem buscado consolidar-se a partir das relações do Governo Federal e movimentos sociais, educadores(as) populares e lideranças comunitárias. Seus objetivos vêm ampliando a compreensão dos sujeitos como populações historicamente vulneráveis, incluindo, "mulheres, juventude, catadores(as) de matérias recicláveis, acampados(as) e assentados(as), agricultores(as) familiares e camponeses(as), comunidades tradicionais, indígenas, pescadores(as), comunidade LGBTTTs e outros", ainda que se observe um maior enfoque nas organizações não governamentais e entidades da sociedade civil.

Processos de fortalecimento institucional da Educação Popular: a partir de 2007. Disponível em: <http://www.frepop.org.br/2014/01/28/marco-de-referencia-da-educacao-popular-para-as-politicas-publicas/>. Acesso em: ago. 2014.

5. Considerações finais

Os educadores e as educadoras progressistas têm o compromisso de conhecer a história da educação e da humanidade, não para repeti-la, mas para transformar a realidade que "está sendo". A autenticidade, a criatividade nas novas formas de lutar e de fazer educação, tendo em vista que o compromisso da e na educação popular é a produção de saberes e de práticas emancipatórias e libertadoras, são características imprescindíveis. Daí que o diálogo, a participação e a pesquisa transformam-se em ferramentas indispensáveis para a atividade docente, sobretudo na defesa da *desmercantilização* da educação, situação política que vem repercutindo diretamente na história da educação e na luta dos movimentos populares pela justiça social.

Em síntese, entende-se a educação popular como um processo de produção de conhecimento, voltado para a liberdade e para a democracia, que se recusa ao autoritarismo, manipulação e ideologização reproduzidas na lógica da educação de mercado. Constitui, portanto, uma ciência aberta às necessidades e causas populares. Seguramente, o Movimento dos Trabalhadores Rurais sem Terra (MST) continua sendo um dos exemplos mais vigorosos da educação popular que associa as letras e as ciências às necessidades e às lutas populares. Sua pedagogia está voltada para novos significados e novas práticas de exercício do poder em vista de uma radical democratização das relações entre o Estado e o movimento pela reforma agrária.

Mais recentemente, como resposta às desestruturações do sistema de ensino chileno, surgiram as *Escuelas Libres*. A partir das grandes manifestações estudantis por educação pública e gratuita, a proposta de outra educação, externa ao sistema formal, se coloca entre as classes populares para questionar as bases do atual modelo educativo neoliberal, patriarcal e individualista que se sustenta nesse país. Como no MST, o poder popular é parte importante no processo educativo, assim como ambos os movimentos parecem dar continuidade ao projeto das jovens nações latino-americanas na construção de uma sociedade justa.

Todas essas considerações permitem-nos compreender que a história da educação não deve ser vista em sua linearidade porque, por um lado, não se pode considerar que se tenha experimentado um único programa ou proposta de educação em nosso continente, assim como tampouco se tem empenhado em conceder espaço às alternativas produzidas na contramão da imposição colonial-moderna. É, portanto, nesse contexto que se inscrevem as experiências em educação com as diferentes concepções de popular.

Há uma diversidade epistemológica do mundo identificada com um conjunto de intervenções que denunciam as supressões de saberes pela lógica dominante de uma determinada epistemologia das monoculturas contra as epistemologias emergentes. Os caminhos da educação popular mais parecem um emaranhado de sentidos sobre o termo que cabem na história geral da humanidade, como emergência da negação de outras epistemologias pela modernidade eurocentrada. A história da educação com o povo não pode, portanto, ser concebida de forma linear, mas como a confluência de práticas que se reinventam nas lutas pelo reconhecimento e pela justiça.

Capítulo II

Aproximações teóricas em educação popular

Aproximações teóricas em educação popular

Uma vez delineados traços da história da educação popular, abordaremos neste capítulo perspectivas teóricas que, de alguma maneira, se articulam e convergem em seu processo de consolidação. O desafio é compreender como tamanha diversidade se aproxima e relativiza em meio a afirmações e negações que não resultam em exclusão do seu corpo teórico. Com esse objetivo, estruturamos nossa análise a partir de premissas históricas, explicitando influências e afinidades que se constituíram no passado e se revelam no presente. Ao mesmo tempo, investigando as relações da teoria e da prática em educação popular com as diferentes conjunturas sociais e políticas, estaremos compreendendo perspectivas e sentidos que passam a fazer parte de seu campo teórico e orientam as ações de seus atores.

As influências teóricas que foram sendo agregadas ao contexto da educação popular se mantêm em relação contraditória, muitas vezes, com as anteriores. Com esse aparente antagonismo, revelam outras marcas do caráter conflitante que perpassa e constitui a educação popular, afirmando-a como um processo dialético e, ao mesmo tempo, dialógico. A dialética pode ser considerada como uma das características do movimento histórico de "vir a ser". Há um permanente jogo de afirmações, negações e sínteses provisórias em seu interior, cuja convivência em meio ao diálogo e ao conflito pretendemos demonstrar ao longo do texto. Por sua vez, a dialógica corresponde à abertura e ao acolhimento de teorias e metodologias capazes de proporcionar a renovação da educação popular. Remete ao relacionamento interpessoal, caracterizado pelos pressupostos do respeito, da humildade, da amorosidade, da alteridade e da esperança. É base de uma educação libertadora por se opor ao mutismo, aos comunicados hierárquicos e à passividade, típicas das relações de opressão.

Se a dialética e a dialógica caracterizam a dinâmica da educação popular, a cultura (popular) constitui sua base fundante na América Latina. A dimensão cultural reflete o modo de ser e se manifesta concretamente aos sujeitos em seu fazer cotidiano. Considerada como expressão existencial e constitutiva dos diferentes contextos humanos, a cultura popular passou por um radical processo de ressignificação no Brasil, no início dos anos de 1960. Com a criação dos Movimentos de Cultura Popular (MCPs), a esfera cultural foi encarada como vigoroso suporte para a contestação das desigualdades sociais, por meio da afirmação das práticas, representações e linguagens dos grupos populares. Portanto, ancorados nas premissas dialéticas, dialógicas e culturais da educação popular, buscamos identificar e compreender as aproximações teóricas da sua pedagogia.

Cabe salientar que não temos a pretensão de abranger todas as possibilidades de articulações teóricas no âmbito da educação popular. Além de ser um campo multifacetado, dentro do qual coexistem posturas, concepções e conceitos diversos, a complexidade das influências que a constituem se revela e amplia a cada nova investigação. Somente para efeitos de análise e explicitação, propomos organizar as aproximações teóricas em dois grupos, considerando critérios como a historicidade, a dinâmica e o perfil das respectivas presenças na educação popular: aproximações teóricas clássicas e aproximações teóricas interdisciplinares. Por último, esboçamos alguns dos desafios teóricos atuais, enfrentamentos emergentes das condições materiais e simbólicas que caracterizam o período contemporâneo.

1. Aproximações teóricas clássicas

Inicialmente, exploramos as tradicionais aproximações estabelecidas nos estudos sobre a educação popular, as quais denominamos aproximações teóricas clássicas. Destacam-se alguns dos precursores, assim como as correntes e autores que influenciaram o pensamento e a obra de Paulo Freire, um dos principais expoentes latino-americanos da educação popular. Sem ignorar as bases do pensamento moderno (autores como Descartes, Locke, Rousseau, Kant e Hegel, entre outros exemplos), abordamos articulações entendidas como fundamentos teóricos da educação popular, como o marxismo, o existencialismo, a fenomenologia, a Escola de Frankfurt, a Escola Nova, a Teoria da Reprodução e autores latino-americanos como Martí, Dussel e Freire.

Ao longo da história, e em particular a partir da modernidade, percebe-se um gradativo aumento da importância atribuída ao processo educativo, tanto no que se refere à formação dos indivíduos, quanto em relação ao papel nuclear que exerce na estruturação política das sociedades. O pensamento clássico ocidental, com ênfase no período moderno, incluindo movimentos políticos, sociais e religiosos como o Renascimento (século XV), a Reforma (século XVI), a Revolução Gloriosa (Inglaterra, século XVII), e as revoluções Norte-Americana e Francesa (século XVIII), instaurou o grande constructo teórico da modernidade. Com ele, foram desenvolvidos, tematizados e problematizados novos valores e formas de pensamento que moldaram a história das sociedades ocidentais, principalmente. As rupturas com a tradição religiosa, com o autoritarismo político e com as antigas formas de conceber a ciência e o conhecimento não foram fenômenos apenas materiais. Teoricamente instituíram conceitos, concepções e teorias que, identificadas com seus ideais, se consolidaram como princípios universais. Autonomia, liberdade, igualdade e emancipação são exemplos clássicos desse legado.

Como movimento político e pedagógico, a educação popular também se apropriou das contribuições do pensamento clássico ocidental. Porém, ela o fez sempre com base nos contextos vivenciados pelos seus sujeitos, de forma crítica e organicamente relacionada. O universalismo dos ideais modernos, simplesmente assumidos e incorporados pela educação popular, não teriam o vigor e a pujança necessários a suas lutas históricas. Nesse sentido, entendemos a presença de ideais iluministas em seu corpo teórico, como a igualdade e a liberdade, só que assumidos como princípios radicalmente universais, para todas as classes sociais. O pensamento clássico apontava a educação como estratégia de formação do indivíduo para o livre exercício de sua liberdade, porém não incluía em seu projeto político os interesses do conjunto dos homens e das mulheres, nem problematizava as condições em que se encontravam. Da mesma forma, a autonomia, originalmente referida a uma faculdade humana independente (a vontade), encontra na educação popular uma dimensão revolucionária, ao ser compreendida como processo de assunção do ser em conjunto com os outros: a autoria da própria existência.

A autonomia para a educação popular, diferentemente da concepção clássica, é relativa, nunca plena. Parte da ideia de que a nossa existência é uma coexistência, interação que se nutre da falta, cuja extremidade constitutiva reside no outro. Existe a dependência desse outro, considerado como o estado de coisas composto por sentidos construídos discursivamente. A autonomia, portanto, vincula-se à dependência, explicitada na necessidade do outro, do extremo que me constrói e que me alimenta física e simbolicamente, constituindo minha individualidade.

A dimensão autônoma do sujeito afirma-se na rebeldia da negação da realidade existencial opressora, característica histórica dos contextos brasileiro e latino-americano. Para a educação popular, a capacidade de negar parece constituir uma das mais relevantes competências cabíveis ao sujeito, na expressão de sua autonomia. Negar não como quem dá as costas à realidade, por entender que nada pode ser feito contra ela, resignando-se ao todo-poderoso mundo globalizado e suas ideologias do fim (da história, do sujeito, entre outros exemplos), mas assumindo a rebeldia necessária diante da urgência em romper com a desordem induzida por poucos e que oprime a muitos, os outros, os diferentes (ou seriam desiguais?). Sem dignidade, não há paz: dizendo não à paz sem dignidade, está sendo dito sim ao legítimo direito de rebelião contra uma longa história de injustiças.

Destacamos a seguir alguns autores e correntes do pensamento moderno clássico que influenciaram a educação popular. Entre esses nomes, Karl Marx (1818-1883) e autores marxistas, como Antonio Gramsci (1891-1937), ocupam um lugar especial. A partir do pensamento hegeliano, Marx salienta que a ação educativa exerce, mesmo em uma postura emancipatória, uma pressão por demais relativa. Caso permaneça agindo apenas no campo das ideias, limita-se a travar batalhas árduas, porém pouco eficazes contra a dominação. Enquanto isso, a base material da sociedade é mantida pelo trabalho alienado (ou abstrato), cuja consequência é a consciência alienada. Logo, não basta que a educação atue sobre o efeito, na expectativa de resolver o problema sem que a causa seja combatida. Percebe-se que, nesse autor, o processo de libertação é um ideal que implica a gênese conflituosa, em meio à luta – pedagógica e política –, em torno da transformação material das relações sociais.

Segundo Marx (2001 p. 84), o saber, em relação a uma condição como essa, é a maneira de ser da consciência:

> *A maneira pela qual a consciência é, e pela qual qualquer coisa é para ela constitui o saber. O saber é um ato único. Alguma coisa torna-se, pois, para ela pelo fato de que ela sabe essa alguma coisa. Saber é a sua única relação objetiva.*

Para o autor, subentende-se que este saber abriga a possibilidade de uma relação ambígua diante da realidade, conhecendo como ela é mais criticamente, ou enganada por ela, por meio das formas ideológicas que a traduzem. Portanto, a assertiva marxista de que as ideologias dominantes correspondem às ideias das classes dominantes imprime na educação popular uma postura de suspeita constante diante da realidade.

Concordando com Marx (2001, p. 66) que "as circunstâncias fazem os homens assim como eles fazem as circunstâncias", evidencia-se a base dialética do processo de libertação. Trata-se de uma premissa presente na educação popular, tanto em sua fundamentação teórica quanto em sua estratégia de ação, pois a libertação se assenta sobre os pilares indissociáveis da formação e das relações humanas na concretude histórica. A partir de suas ideias, subjetividade e objetividade passam a ser relacionadas historicamente. Afinal, foram (e continuam sendo) os seres humanos concretos que engendraram a forma histórica do próprio mundo, humanizando-o em sua expressão material e simbólica.

Concebida como método de investigação, a dialética refuta o reducionismo e o dogmatismo, pelo fato de estar sempre inacabada e em constante renovação. Os fenômenos são considerados à luz da história, das contradições sofridas, sem que sejam isolados. Afirmando a historicidade como processo no qual os fatos podem ser compreendidos em sua radicalidade, o marxismo embasa a educação popular em sua concepção de tempo histórico. O entendimento crítico da realidade concreta depende de uma análise histórica, capaz de contextualizá-la em meio às contradições que a conceberam; ou seja, os fatos não são acontecimentos isolados, autônomos, e sim, produtos históricos que podem ser compreendidos e alterados. A materialidade da vida corresponde tanto ao ponto de partida (condições existenciais do momento) quanto ao de chegada (ideal, projeto de existência) da educação popular.

Outros indícios da articulação entre a educação popular e o marxismo são:

a) A ação educativa enraizada nas relações sociais, onde todos ensinam e aprendem ao mesmo tempo (concepção epistemológica, conhecimento como processo e aprendizagem como apropriação, reinterpretação e *recontextualização* de saberes).
b) A aposta no protagonismo e no papel dos oprimidos como sujeitos da transformação (o proletariado em Marx).

c) O educador, a partir da diretividade da educação, como intelectual orgânico (Gramsci) comprometido com a transformação social.

A Escola Nova (denominação atribuída a uma série de experiências pedagógicas desenvolvidas no final do século XIX e início do século XX, com a finalidade de adaptar a educação ao ritmo da sociedade capitalista) exerceu significativa influência na educação popular. John Dewey (1859-1952), um dos principais expoentes desse movimento, ocupou-se e preocupou-se com a noção de experiência, entendida de maneira ampla, o que o levou a romper com a perspectiva tradicional de entendimento desse conceito. Sua análise (1979) assume a experiência em seu aspecto essencialmente dinâmico, pois toda experiência modifica o meio e é por ele modificada. É a experiência que provoca, fundamentalmente, mudanças nas relações do ser humano com o meio.

A partir da crítica à escola tradicional, que atuava a favor da produção de comportamentos de submissão e obediência dos educandos, Dewey propôs a assunção de valores que considerassem a iniciativa, a originalidade e a cooperação; isso possibilitaria a liberação das potencialidades criativas do indivíduo, objetivando não a mudança social, mas seu aperfeiçoamento. Mesmo sem questionar as raízes das desigualdades sociais, o pedagogo desenvolveu teorias pedagógicas progressistas, particularmente com relação à inserção do estudante como sujeito no processo de aprendizagem, à discussão em torno da importância da democracia na organização da sociedade e da educação, e à defesa da escola pública para todos. Sua obra influenciou a educação popular principalmente pela ideia de "aprender fazendo", pelo trabalho cooperativo e pela ênfase na relação entre teoria e prática.

A Escola de Frankfurt, por meio do pensamento crítico de autores como Theodor Adorno (1903--1969), Max Horkheimer (1895-1973) e Herbert Marcuse (1898-1979) é outra presença marcante na educação popular. Segundo Adorno (2003, p. 117), "a desbarbarização da humanidade deve ser o objetivo da escola, por mais restritos que sejam seu alcance e suas possibilidades". Em sua obra *Educação e emancipação* (2003), ele problematiza a relação entre o processo educacional e a prática emancipatória, recolocando o desafio de, no mínimo, fazer oposição à barbárie, a partir de uma educação que promova a emancipação. A questão que deve ser permanentemente posta em evidência é: por que nem todos os humanos têm o direito de participar e usufruir efetivamente os projetos de emancipação?

A aproximação teórica dos *frankfurtianos* também se percebe por meio da sua análise crítica sobre a participação e a democracia, aspectos relevantes para a educação popular. Segundo Adorno (2003, p. 129), lidamos com situações em que pessoas "que se enquadram cegamente no coletivo fazem de si mesmas meros objetos materiais, anulando-se como sujeitos dotados de motivação própria...". Além disso, lembra que a democracia exige e se assenta em pessoas emancipadas; logo, "só é possível imaginar a verdadeira democracia como uma sociedade de emancipados". Aqui, destacamos, também, sua análise sobre a indústria cultural, portadora e multiplicadora da ideologia dominante, como elementar no conjunto das articulações teóricas da educação popular. Além do trabalho investigativo dos *frankfurtianos*, que, assentado na convergência de áreas como a Filosofia, a Psicanálise, a Sociologia, a História e a Economia, lhe serve como referência metodológica.

O existencialismo de filósofos como Martin Buber (1878-1965) e Jean-Paul Sartre (1905-1980) é outra aproximação facilmente percebida nos fundamentos teóricos da educação popular. Primeiro, por meio do movimento afirmativo de abertura ao outro, o "entre" existencial, corporificado na oposição complementar "eu" e "tu". Também pela concepção de Sartre sobre o instituído, que, recusado e não obstante admitindo o ônus da escolha, é o que possibilita pensar o mundo da liberdade, como abertura e construção. O autor (1980) concebe a constituição das condições de instalação da liberdade vinculada ao engajamento humano em projetos coletivos. Enfatizando a responsabilidade humana diante da existência (autoria da própria realidade), entende que é em meio à busca permanente da liberdade que os indivíduos organizam processos de formação capazes de garantir a realização de seus ideais. Se as decisões educacionais estão centradas em instâncias burocráticas, cabe concretizá-las ao revés do instituído, o que é entendido pela educação popular ao apostar na dimensão não formal da educação.

Teóricos da reprodução como Louis Althusser (1918-1990) e Pierre Bourdieu (1930-2002) sustentam a concepção de que as escolas reproduzem as relações de classe por difundirem ideologias hegemônicas, reforçando a desigualdade social em vez de combatê-la e também atuando na promoção do acesso diferenciado (escola para ricos e escola para pobres, considerando os atuais testes de "aferição da qualidade" da educação). Com base no critério de classe e capital sociocultural, a instituição de ensino opera com o objetivo de expulsar cada vez mais educandos, sob a desculpa de que eles "se evadem". Segundo Bourdieu (1997), essas formas de capital são sempre de propriedade dos filhos dos ricos, dos profissionais e dos intelectuais. A escolarização habitua os alunos da classe trabalhadora aos mais humildes cargos do mundo do trabalho, ou do mundo acadêmico, subordinando-os ou expulsando-os.

Bourdieu (1997), discutindo as condições de possibilidade da liberdade, da autonomia e da ação consciente, aponta quatro problemas que têm causa no sistema de televisão hoje, particularmente desde o que ele denomina de telejornalismo: a difusão de uma visão parcial do mundo, a anulação do tempo necessário para que os indivíduos (telespectadores) possam refletir sobre as informações duvidosas e parciais que recebem, a destruição da heterogeneidade cultural e o risco ao qual a democracia está exposta. O que está em discussão são as condições de interferência da escola e da autoridade pedagógico-política dos educadores e educadoras diante do poder da indústria cultural.

Por sua vez, Althusser (1983) considera a educação um "aparelho ideológico" de função estritamente servil em relação aos interesses dominantes na sociedade. A educação, analisada em sua dimensão mais complexa, que envolve instituições, técnicas, conteúdos, planejamento, educadores, educandos, conhecimento e relações sociais, demonstra uma relação inconteste com a ideologia, diretamente vinculada à capacidade de reprodução do sistema social vigente (caracterizado pela contradição miséria *versus* riqueza). Sua obra fornece subsídios profícuos para iluminar os vínculos entre as questões sociais e a educação. Como instituição universal na sociedade, teoricamente aberta a todos (sendo inclusive obrigatória), a escola é um dos elementos vinculados às necessidades orgânicas de preservação ou ruptura da ordem social.

Ao vincular a escola à reprodução da força de trabalho, Althusser (1983, p. 21) indaga: "Como é que esta reprodução da qualificação (diversificada) da força de trabalho é assegurada no regime capitalista?" Respondendo a essa questão, ele explica que isso ocorre "através do sistema escolar capitalista e outras instâncias e instituições". A argumentação considera que, ensinando não só técnicas e conhecimentos práticos indispensáveis à formação básica do trabalhador, mas também as "regras dos bons costumes, isto é, o comportamento que todo agente da divisão do trabalho deve observar", a escola insere na pessoa o respeito espontâneo pela "ordem estabelecida pela dominação de classe". É a concomitante reprodução da força de trabalho e da "submissão desta às regras da ordem estabelecida".

Paulo Freire (1921-1997), um dos principais expoentes da educação popular, elabora seu texto a partir de experiências de vida, político-pedagógicas, orientadas por um projeto político que parte de uma constatação emblemática: a sociedade brasileira é injusta e o modelo cultural dominante usa mecanismos repressivos e ideológicos para a sua manutenção. Assim, ele busca apontar corajosamente caminhos de libertação, de forma explícita e com direção política.

Esse educador relativiza a teoria da reprodução ao sustentar que a educação pode reproduzir, ou não, ideologicamente, a sociedade, dependendo do posicionamento assumido diante dela. Com postura utópica, voltada para a realização da vocação humana – o ser mais –, ele aposta na "educação para a liberdade", postura que define, previamente, apenas o ideal de libertação, característico de um mundo mais justo. O futuro, então, é aberto como possibilidade, vir a ser em comunhão de sujeitos interativos, momento no qual a educação deixa de ser do oprimido e passa a ser de todos os homens e mulheres, universalizando uma relação humana de amor, respeito e tolerância. Se o ideal maior do homem é consolidar sua liberdade, a educação não pode passar ao largo ou, o que é pior, ter fins contrários a ela. Utópico, ao mesmo tempo em que denuncia a barbárie presenciada, Freire anuncia a possibilidade de reversão.

O projeto freiriano realiza a crítica da prática produtiva do poder autoritário e estabelece os princípios da prática produtiva da liberdade coletiva e solidária por meio da pedagogia da esperança e do diálogo. Em Freire, o diálogo assume a desigualdade, a opressão e as enfrenta por meio da conscientização do oprimido.

Como lembra Dussel (2000, p. 435), situado na máxima negatividade possível, "Freire pensa na educação da vítima no próprio processo histórico, comunitário e real pelo qual deixa de ser vítima". A dialogicidade se constitui no autêntico processo "de prática da liberdade aos não livres", consolidando a "ação discursiva da comunidade dos sujeitos da sua própria libertação" (Dussel, 2000, p. 441). Freire avança, portanto, em relação a Buber, para quem o diálogo delineia um processo de conscientização na esfera pessoal que, necessariamente, não se realiza no engajamento coletivo por libertação.

A perspectiva freiriana ultrapassa tanto os limites do autoritarismo quanto da pedagogia da licenciosidade como condição de possibilidade para a superação do senso comum no processo de construção do conhecimento e de transformação social. A questão é não negar a liberdade de ser do outro, mas, da mesma forma, não abandonar a criança, o jovem, o educando (o/a outro/a) sem referências para a sua formação. Formação permanente, que problematiza o "mundo vivido" (experiência imediata) e desafia o interlocutor a superar o estágio de compreensão de sua existência.

2. Aproximações teóricas interdisciplinares

As aproximações teóricas interdisciplinares constituem influências que foram, aos poucos, sendo percebidas no campo da educação popular, a partir de um típico movimento de abertura. São diálogos que se constituíram em afinidade com áreas e autores diversos como o pós-estruturalismo, a teologia, especialmente no tempo em que Freire foi consultor no Conselho Mundial de Igrejas (Andreola; Ribeiro, 2005), a linguística, a ação comunicativa, os estudos culturais, a complexidade e a aprendizagem/desenvolvimento.

No movimento de emergência do sujeito, a dimensão da linguagem está presente de forma determinante, pois os acontecimentos humanos são fenômenos de interlocução. Mikhail Bakhtin (1895-1975) (2006, p. 50) lembra que "o organismo e o mundo encontram-se no signo", ou seja, as expressões proferidas resultam de um trabalho individual e, também, social, que corresponde à relação do organismo com o meio exterior. Por isso, é possível afirmar que "a consciência é um fato socioideológico", não explicável em si, devendo ser compreendida a partir do contexto ideológico e social de inserção do sujeito. A própria dinâmica da consciência é constituinte do sujeito (gestando-se em movimento dialético entre subjetividade e objetividade) e dialógica, porque intersubjetiva.

A contribuição de Bakhtin à educação popular se robustece com a concepção de ato responsável à luz da consciência: o sujeito, como responsabilidade consciente, não é dado *a priori*, tal como um princípio cartesiano, fundante. É o movimento decisório que o implica, correspondendo, assim, à assunção do fazer como processo-evento: somente eu posso decidir (aquilo que pode ser feito por mim não pode ser feito por ninguém mais). A ação possui correspondência na encarnação do dever ser constitutivo do humano, concretude da existência. Participar significa transformar, concomitantemente, a mim mesmo e ao entorno, lembrando que para viver é preciso ser inacabado (Bakhtin, 2006). Significa, efetivamente, vir a ser sujeito, atuando no presente, com base nos objetivos traçados em relação ao futuro, a partir da consciência atuante e sabedora da responsabilidade.

Jürgen Habermas (1929-), idealizador da Teoria da Ação Comunicativa (TAC), ao apontar para a necessidade de reconstrução da racionalidade desde os princípios normativos da vida cotidiana, refere-se, implicitamente, ao problema da educação. Mesmo que isso não seja o foco maior das suas preocupações filosóficas, a vinculação indiscutível da ação educativa com a TAC possibilita que a teoria *habermasiana* se constitua em importante referência nas análises e práticas atuais em educação popular.

Transitando para as contribuições da filosofia da linguagem, Habermas acredita que o entendimento linguístico, que não só possibilita como exige o descentramento do sujeito, oferece condições de superação da razão instrumental. Isto não significa que esse filósofo esteja abrindo mão do papel da subjetividade; ele apenas a coloca em outros termos, a intersubjetividade. É por meio desta, cujo processo implica na ação participativa de sujeitos em torno de questões comuns colocadas em discussão, que pretende ir de encontro ao agir estratégico, resultante da racionalidade instrumental.

A nova constituição da ação do sujeito configura em Habermas uma teoria do conhecimento. Ao romper com o dualismo sujeito-objeto por meio da interação dos sujeitos, as trocas cognitivas estabelecidas reciprocamente nas argumentações elevam o nível epistemológico dos participantes, de maneira coletiva. Todos são sujeitos do conhecimento em virtude das pretensões de validade problematizadas, nas quais as opiniões particulares se transformam em saberes coletivos. Importa salientar que o cenário da situação caracterizada como de ação comunicativa é o "mundo da vida", contexto que oferece as evidências culturais básicas para os participantes.

Considerando o acréscimo do saber como motor do desenvolvimento social, Habermas revela, indiretamente, a importância que atribui ao processo educativo na sociedade. A tese epistêmica *habermasiana* explica que o processo de formação do eu, a subjetividade, é resultado do amadurecimento provocado pela necessidade contínua de resolver problemas, paralelamente ao aumento dessa capacidade. Sua aposta reside na competência comunicativa dos sujeitos em situações discursivas livres de quaisquer constrangimentos, princípios também almejados pela educação popular.

A presença da teologia na educação popular, especialmente da vertente social cristã, se percebe por meio do pensamento de Paulo Freire. Abrangendo de forma integrada aspectos filosóficos, éticos e políticos, sua proposta pedagógica contribuiu com a formulação da Teologia da Libertação, corrente enraizada em sua vida e obra (Calado, 2008; Preiswerk, 1994). A inspiração cristã se explicita pela tese freiriana de que homens e mulheres são vocacionados para a liberdade, núcleo central do Evangelho. A inconclusão humana, a dimensão dialógica e relacional da existência e a perspectiva dos oprimidos, marcantes em Freire e que encontram fundamentos no texto bíblico, são princípios assumidos pela educação popular.

Também presentes na teoria da educação popular, os estudos culturais não se constituem como uma corrente ou campo do pensamento científico com contornos lineares, unívocos. Ao contrário, "o que os tem caracterizado é serem um conjunto de abordagens, problematizações e reflexões situadas na confluência de vários campos já estabelecidos", buscando inspiração em diferentes teorias (Costa, 2003, p. 40). Uma prática pedagógica assentada em valores multiculturais críticos (McLaren, 1997) vincula-se a uma ação cultural para a liberdade, em que o respeito para com o outro passa a fazer parte da dinâmica escolar e da vida social. O conceito de interculturalidade tem servido para expressar este "processo contextual-universal de capacitação para uma cultura de culturas (e religiões) em relação e transformações abertas" (Fornet-Betancourt, 2007, p. 50).

A educação popular tem como uma de suas marcas a valorização das culturas populares (Brandão, 1985), muitas vezes ocultadas pela cultura hegemônica. Isso perpassa áreas diferentes, como a saúde, em que existem práticas milenares de cura e cuidado; a economia, onde práticas coletivas reinventam formas de sobreviver e resistir; a religião, em que se ensaiam formas de comunhão entre as pessoas e a natureza (Streck; Esteban; 2013).

O pós-estruturalismo de Foucault (1926-1984) oferece subsídios teóricos para a educação popular a partir da noção de micropoder, engendrando alternativas pontuais de resistência às múltiplas dominações socialmente impostas. Os diversos tipos de controle disciplinar, historicamente desenvolvidos e aplicados sobre indivíduos e instituições, sugerem necessárias articulações contrárias à exploração, em todas as instâncias possíveis. O posicionamento da educação popular em relação ao Estado, problematizado a seguir, nos desafios teóricos atuais, se reformula a partir da tese *foucaultiana* de que as transformações sociais não dependem unicamente do poder nele presente; controlá-lo ou mesmo destruí-lo não basta para que a transformação almejada se efetive. O Estado, portanto, não concentra os poderes; é apenas um elemento por eles perpassado.

A ruptura com a disciplinaridade positivista é uma construção do pensamento complexo (Morin, 2011). Colocando o conhecimento em termos de uma reconstrução permanente, Morin (1921-) municia a educação popular com argumentos em torno da busca incessante pelo conhecimento processual, mutável e integrado das coisas (curiosidade), pautado na incerteza diante dos saberes e na reciprocidade entre as pessoas. O pensamento complexo permeia a educação popular inclusive no seu princípio conectivo, a partir das convergências que executa diante das múltiplas teorias que a constituem.

Lev Vigotski (1896-1934), Jean Piaget (1896-1980) e Henri Wallon (1879-1962), representantes da teoria do desenvolvimento pautada no interacionismo, também participam das articulações teóricas da educação popular (La Taille; Oliveira; Dantas; 1992). Nesses autores, a educação popular encontra subsídios para pensar a sua pedagogia em termos de construção e reconstrução do conhecimento. Fundamentado no materialismo histórico e dialético, o pensamento de Vigotski, integrando as dimensões biológica e cognitiva, oferece suporte para as práticas pedagógicas que apostam na interação dos diferentes sujeitos, enquanto Piaget, em sua epistemologia genética, embasa os processos de ensino e aprendizagem de acordo com os estágios do desenvolvimento humano.

Contemporâneo de Piaget e Vigotski, Wallon salienta a importância da afetividade nos processos de ensinar e aprender. A afetividade é considerada em termos de influência recíproca: alunos, professores e o meio são afetados uns pelos outros. Ao evidenciar a qualidade da interação, ele coloca em destaque os sujeitos da educação e, ao mesmo tempo, o contexto em que ela ocorre, com ênfase na escola.

3. Desafios teóricos atuais

Os desafios teóricos atuais correspondem às influências contemporâneas sobre a educação popular, cujo impacto principal resulta das articulações entre Estado e mercado. Se antes atuava apartada da máquina estatal, passa a aproximar-se dela cada vez mais por meio do denominado terceiro setor (ONGs), cuja proliferação maciça a partir dos anos de 1980 representou uma espécie de privatização das funções do Estado. Como salienta Harvey (2013, p. 190-1):

> *As ONGs em muitos casos vieram preencher o vácuo de benefícios sociais deixado pela saída do estado dessas atividades (sociais). Isso equivale a uma privatização via ONGs [...]. As ONGs não são organizações inerentemente democráticas. Tendem a ser elitistas, a não dar satisfação a ninguém (a não ser a quem as financia) e, por definição, são distantes daqueles a quem buscam ajudar ou proteger; por mais bem-intencionadas e progressistas que possam ser.*

Diante de tal panorama, os desafios da educação popular fortalecem-se no âmbito da adequação de suas abordagens teóricas, além, é claro, de suas formas de ação e objetivos concretos. Cabe problematizar, por exemplo: metas amplamente divulgadas e assumidas atualmente (como sociedade mais justa, inclusão social e diminuição das desigualdades) identificam-se com os ideais da educação popular, uma vez que esses princípios revelam abster-se de lutar contra o capitalismo? A cidadania representa o horizonte político e pedagógico da educação popular, mesmo sabendo que a formalidade é sua principal característica e que os direitos sociais sejam transformados em mercadoria, em conformidade com o mercado? O Estado, "comitê que administra os negócios comuns de toda a classe burguesa" (Marx, 2001, p. 27), pode ser compreendido como aliado da educação popular, mediante reformas estruturais e/ou ampliação da participação social em suas decisões?

Segundo Maria da Glória Gohn (2002), a interferência do Estado e dos princípios liberais sobre a educação popular se acentuam a partir dos anos de 1990, principalmente no final da referida década. As políticas públicas de base neoliberal induzem a adoção de princípios identificados com seus propósitos, e cada vez mais se fazem presentes em ações no âmbito da educação popular. Se a sua aproximação com o Estado não representa um fato inédito, pois ocorrera também nos anos de 1960, agora se trata de um processo radicalmente distinto, no qual a politização e a ideologia são minimizadas, praticamente excluídas da agenda de prioridades.

O modelo denominado liberalismo, como sistema político e econômico, difunde o mercado e os fenômenos naturais como critérios para a constituição da liberdade. De caráter essencialmente individualista, esforça-se na pregação a favor da liberdade, seguindo as leis da seleção natural, a partir do pressuposto de que os mais fracos são superados pelos mais fortes. Assim como a liberdade humana desorientada converte-se em licenciosidade e libertinagem, o mercado, formado e guiado por interesses e desejos de pessoas, entregue à própria sorte, converte-se em dominação e abusos diversos.

Como bem adverte Harvey (2013, p. 26), não podemos nos esquecer de que o liberalismo sempre esteve associado à recuperação do poder de classe e à manutenção do sistema capitalista.

Tais premissas exigem da educação popular a elaboração de estratégias que se contraponham, resistindo à massificação capitalista. Se o pensamento liberal prega princípios aparentemente análogos aos seus, cabe problematizá-los no sentido de desvelar seu caráter manipulador: diversidade (de ofertas), igualdade (de oportunidades, equidade na distribuição de benefícios). Também importa destacar o controle institucional da educação, o pragmatismo exacerbado e o aligeiramento da formação, em nome da empregabilidade. Como alternativa, é possível que a educação popular continue apostando, sem abrir mão do embate escolar, nas várias possibilidades de formação possíveis fora do ambiente institucional, controlado pelo Estado.

Após termos reunido e analisado, ainda que de forma breve, as aproximações teóricas da educação popular, cabe retomar a problemática anunciada no início deste capítulo: como é possível a junção de tamanha diversidade teórica na sua fundamentação? Entendemos que, assentada nas perspectivas dialética e dialógica, a educação popular se configura como uma concepção pedagógica em permanente movimento de abertura, possibilitando a articulação com teorias diversas, mesmo orientadas por princípios ideológicos, políticos e pedagógicos divergentes. Seu processo de sistematização, ancorado nas convergências teóricas, une as diferentes contribuições de forma construtiva, tanto as que se aproximam quanto as que se afastam de seus fundamentos e ideais, cujo resultado permite seu contínuo aperfeiçoamento.

A discussão da década de 1990 sobre a *refundamentação* da educação popular parece ter sido incorporada como uma prática de permanente reinvenção. Se a realidade muda, também é preciso modificar a linguagem para compreendê-la e significá-la. Isso se deve, a nosso ver, a dois motivos: o primeiro deles tem a ver com a reflexividade (Torres Carrillo, 2013, p. 29) como critério pedagógico. Na educação popular, o ato de pensar criticamente exige a transformação das operações mentais e de decisões em novos objetos de reflexão constantes. O segundo, decorrente do primeiro, tem a ver com a compreensão da teoria como a própria prática refletida. A pedagogia é a explicitação de uma ação educativa como "prática da liberdade" e de justiça social. *Pedagogia do oprimido*, livro clássico de Paulo Freire, marca o protagonismo do sujeito que busca mudanças na construção de sua pedagogia. Por isso, nesse livro, são encontradas referências teóricas de distintas vertentes que, se não interpretadas a partir da prática, sugerem um diletantismo teórico. No referido caso, a rigorosidade não se assenta no enquadramento ao dogma de uma teoria ou a uma disciplina, mas nas exigências da prática.

José Martí (2007, p. 53), que pode ser considerado um dos precursores da educação popular, expressou a relação entre o conhecimento da realidade local e nacional e os conhecimentos "de fora" com a metáfora do tronco de uma árvore e os possíveis enxertos: "Conhecer é resolver. Conhecer o país e governá-lo conforme o conhecimento é o único modo de livrá-lo das tiranias. A universidade europeia há de se render à universidade americana [...] Enxerte-se em nossas repúblicas o mundo, porém o tronco há de ser o de nossas repúblicas". Em Martí, assim como na educação popular, não há uma visão xenofóbica, mas sim o reconhecimento de que um *cosmopolitanismo* sadio necessita ser construído na interação aberta entre culturas, ideias e práticas.

Capítulo III

Quem é o educador popular?

Quem é o educador popular?

A educação popular, como concepção, é uma das mais belas contribuições da América Latina ao pensamento pedagógico universal. Em boa medida, isso se deve à sólida divulgação realizada por Paulo Freire durante anos peregrinando por diversos países. Sua insistência em difundir ideais de uma educação emancipadora semeou internacionalmente o pensamento latino-americano de libertação do povo oprimido (Romão; Gadotti, 2008).

Precursor a esse pedagogo, Martí (que viveu na segunda metade do século XIX) também anunciou ideias pedagógicas que contribuíram para pensarmos a educação popular. Uma delas diz respeito ao dever da educação para com o povo.

Segundo Martí (1991), "a educação tem um dever inevitável para com o homem, não cumpri-lo é crime: adaptar-se ao seu tempo sem desviar-se da grandiosa e final tendência humana. Que o homem viva em analogia com o universo e com sua época" (tradução nossa). Ele defendia a educação como um dos principais fundamentos para a libertação de Cuba. Da mesma forma, tomamos a educação como principal fundamento para a emancipação dos sujeitos, como direito de todos e para toda a vida. Para o autor, "educar é depositar em cada homem toda a obra humana que lhe é concedida: é fazer a cada homem o resumo do mundo vivido, até o dia em que viver" (tradução nossa).

Nesse caso, pode-se compreender uma educação contextualizada com as realidades dos sujeitos, outro fundamento da educação popular. Freire aproxima-se das percepções de Martí (1991), entre as quais está a possibilidade de ensinar a leitura de mundo e a perspectiva de uma educação que prepare os sujeitos para a vida.

Compreende-se que a educação popular é constituída de uma educação comprometida e participativa orientada pela perspectiva de realização de todos os direitos do povo. Não pretende ser uma educação imposta, pois se baseia no saber da comunidade e incentiva o diálogo. Visa à formação de educandos com conhecimento e consciência cidadã e a organização do trabalho político para a afirmação do sujeito (Romão; Gadotti, 2008). É uma estratégia de construção da participação popular para o redirecionamento da vida social. A principal característica da educação popular é utilizar o saber da comunidade como matéria-prima para o ensino. É aprender a partir do conhecimento do sujeito e ensinar a partir de palavras e de temas geradores de seu cotidiano.

Buscamos em Brandão (2009) questões que reafirmam o lugar da educação popular sob cinco perspectivas:

a) Processo que se estabelece como uma nova teoria de educação e de relações que se articulam entre a sua prática e um trabalho político progressivamente popular.

b) Elaboração de um método de trabalho "com o povo" e uma nova educação libertadora, por meio do trabalho do e com o povo sobre ela, visando transformar todo o sistema de educação, em todos os níveis.
c) Concepção da educação como instrumento político de conscientização e politização, a partir da construção de outro saber.
d) Ampliação da noção de educação, afastando-se da ideia "escolarizada" e buscando alternativas de realizar-se em todos os contextos educativos da vida humana.
e) Busca de alternativas de realizar-se em todas as situações de práticas críticas e criativas entre agentes educadores "comprometidos" e sujeitos populares "organizados".

A educação popular, ainda que envolvida em uma polissemia de expressões, é reconhecida como prática educacional e desenvolvida por educadores engajados na resistência das mais variadas formas de opressão, especialmente, no seio de movimentos e organizações sociais. Portanto, a educação popular não existe sem sujeitos-educadores, sem ações sobre a realidade e sem processo de organização e ação coletiva.

Considerado essencial no processo educativo, o educador popular foi ganhando conotações semânticas variadas, à medida que variaram os papéis e os objetivos dos sujeitos educacionais, em uma sociedade que passou por muitas transformações políticas. Muitas vezes, ele é identificado por expressões, que se confundem como sinônimos e desfocalizam sua origem e seu principal objetivo, especialmente presente, no binômio educador popular e educador social. Este último, inicialmente vinculado ao trabalho de atendimento a crianças e adolescentes em situação de rua e, mais recentemente, ao trabalho desenvolvido nas organizações não governamentais que se expandiram a partir dos anos de 1990, desenvolve sua ação educativa em espaços instituídos de educação. Por sua vez, o educador popular está mais voltado aos espaços instituintes, o que, no entanto, não impede que estes transitem entre ambos.

Tal afirmativa possui uma relação especial com campos em que cada um desses sujeitos atua. Por sua origem histórica, o educador popular carrega consigo a defesa de determinado projeto de sociedade, pois está atrelado ao adjetivo popular, que é vinculado às classes populares (Wanderley, 1979), como algo que traduz os interesses destas, podendo adquirir o significado como algo "do povo". Já o educador social insere-se em uma dinâmica que possui relação aos processos vinculados à assistência social, como executor de um serviço pontual entre as populações empobrecidas. O aspecto social, nesse caso, está intrinsecamente relacionado ao trato da questão social, vinculado a um regime de solidariedade assentado em um contrato social fundado na noção de direito social, em que a responsabilidade social e a filantropia são as molas propulsoras das ações educativas neste campo (Ivo, 2008).

Neste texto, optamos por dialogar com educadores que se identificaram como populares, procurando elementos que nos ajudassem a compreender

> Trata-se de educadores que atuam em diferentes movimentos sociais e ONGs dos municípios de São Leopoldo e Novo Hamburgo, localizados na região metropolitana de Porto Alegre. Foram entrevistados seis educadores, os quais serão identificados, no texto, somente como educador ou educadora.

melhor quem era esse sujeito educador e quais eram os desafios e as atribuições consideradas importantes no processo pedagógico.

Nesse sentido, este capítulo tem como objetivo desvelar, a partir de relatos de educadores, o conceito contemporâneo de educador popular, explorando quatro itens: autonomia e rebeldia na ação de ser educador popular; criatividade metodológica; respeito às culturas locais e leitura da realidade.

1. Explorando a expressão educador popular

Reinventar a emancipação (Sousa Santos, 2008) é parte do quefazer educativo dos educadores que possuem determinado projeto de sociedade como diretriz. Assim, consideramos que a prática do educador popular está ancorada na arena política em que se expressam os conflitos e se reivindicam direitos por meio de ações coletivas produzindo saberes e práticas educativas. A partir dessa reivindicação, cujo potencial simbólico está nas lutas sociais, acreditamos que esta é uma das características mais importantes na constituição do ser educador popular e no direcionamento de sua prática.

A luta social na qual compreendemos que o educador está inserido e a consciência do seu potencial emancipador foram alguns dos principais destaques no início dos diálogos com os educadores. Não houve sequer um educador que deixou de mencionar o compromisso com o outro e com uma causa maior na sua relação educativa.

Essa questão nos foi colocada como fator intrínseco do ser educador popular, como segue:

> *Dialógica, crítica e emancipadora, considerando não apenas os problemas, bem como, suas causas e a responsabilidade de cada um para a sua resolução. [...] Outro fator, é que aquilo que falo, que defendo com relação às classes populares deve ter profunda coerência com aquilo que vivo e faço no meu cotidiano, não tratando-se, portanto, de ser discurso vazio ou discurso teórico.*

O sentimento de pertença ao grupo, o compromisso com um projeto emancipatório e, por último, a responsabilidade na implicação de todos como potencial de agrupamento e articulação das classes populares em movimentos são fatores mobilizadores desses sujeitos. Vale ressaltar que eles nem sempre possuem uma formação específica, mas carregam consigo desejos de uma sociedade em que caibam todos de fato e de direito.

O desejo por uma sociedade includente está estreitamente relacionado ao fazer educativo do educador popular, que, ao despertar processos de construção de autonomia, projeta esse ideal. Tal autonomia diz respeito ao potencial implícito individual de poder enxergar, refletir, dialogar e fazer as próprias opções, deixando de ser a "massa de manobra" social. Nesse processo, a consciência do lugar que ocupa é visível quando os educadores dizem:

> *É importante observar os valores que o educador ou educadora popular carregam e acreditam. O comprometimento com a autonomia, com as pessoas, com as comunidades e com o meio ambiente rege a educação popular; é preciso*

carregar dentro de si aquilo que se pretende desenvolver no outro por meio de sua ação social.

Uma opção de si mesmo para um coletivo, a busca por uma alternativa, a defesa de um projeto, é isso o que está em evidência nos relatos. Somente com pessoas com tal desprendimento, podem ser concretizados os ideais de uma educação popular. Assim, a expressão "educador popular" afirma-se como um potencializador: "e principalmente o educador popular, ele deve ter dentro de si uma vontade de transformar realidades, potencializar sonhos, buscar fazer que essas comunidades, na curta ou longa passagem por nós, percebam que há possibilidades de futuro".

O educador popular pode ser compreendido como a chave do processo, a qual lhe permite potencializar possibilidades de uma mudança na realidade provocando as rupturas necessárias e aglutinando as forças que garantem a sustentação de espaços nos quais o novo seja procurado, construído e refletido. Não apenas permitindo o acesso ao conhecimento, à participação, mas propiciando condições para que o sujeito construa sua cidadania. Falar de cidadania é falar de igualdade de oportunidades entre as pessoas, da consciência de que é possível transformar e conviver com as diferenças em que o bem-estar individual está voltado "para" e "pelo" bem-estar coletivo.

A construção da cidadania exige transformações profundas na sociedade e mudança de paradigmas a partir de uma visão ético-política. Essas mudanças ocorrem simultaneamente nas pessoas e no contexto em que estão inseridas. As possibilidades de mudança acontecem por meio do exercício da cidadania participativa, que vai-se construindo de muitas formas. Uma delas é o desenvolvimento de iniciativas comunitárias, que têm gerado e efetivado projetos de transformação, articulando entre si uma teia de experiências que vêm diferenciando o movimento social dos últimos anos.

Em síntese, a constituição do ser educador popular, segundo os relatos, parte de três fundamentos importantes:

a) Trata-se de uma opção de si, cuja conotação está relacionada ao conhecimento de si mesmo e do mundo, como o despertar de uma vocação ontológica.
b) Demonstra consciência de seu papel social, diante de um projeto de mudança social.
c) Ocupa o lugar de potencializador em espaços instituintes de processos como os movimentos sociais, associações, escolas, entre outros.

2. Autonomia e rebeldia na ação de ser educador popular

Segundo objetivos da educação popular, a ação educativa do educador popular está vinculada ao movimento de lutas e resistência social. Isso nos remete a buscar compreensões sobre o lugar desse educador como chave do processo de construção da autonomia, mas também como ocupante de um espaço de rebeldia. Essa inconformidade expressa, muitas vezes, a não aceitação de enquadramentos, por exemplo: "Me caracterizo primeiramente como o educador questionador, não admitindo um rótulo, um quadrado limitador, me encanto com o espontâneo e o colaborativo no processo educativo".

A expressão de não aceitação manifesta pelo educador demonstra o potencial de rebeldia que mobiliza a sua ação entre os grupos com os quais atua. Tal demonstração confirma que o processo educativo popular se mantém no propósito de desenvolvimento de uma educação libertadora. Nesse sentido, rebeldia não aparece como uma ideia ou estado de ser cuja conotação possa ser negativa. Ao contrário, é parte do processo, uma "tentativa constante de mudança de atitude" (Freire, 1996a). Como bem coloca Freire na obra citada, "no fundo, as resistências – a orgânica e/ou a cultural – são *manhas* necessárias à sobrevivência física e cultural dos oprimidos", pois é na rebeldia que nos afirmamos, confirma o autor.

Tal rebeldia está ancorada na opção por determinado projeto de sociedade, que possui ligação com uma opção política de luta pelas classes populares, assim como afirma o educador, "caracterizo-me educadora popular pelo fato de ter construído a opção política da defesa das classes populares, dos empobrecidos e empobrecidas em luta ou não (nem todos os e as pobres se põem em luta) [...]".

Zitkoski (2010) diz que é necessária e indispensável a posição política do educador, para ser coerente com sua ética profissional. Nessa direção, esse profissional assume uma posição radicalmente comprometida com a realização de um humanismo libertador, dialógico, criativo e, acima de tudo, ético. Recusa fatalismos. Assim como Freire (1996a) nos dizia, "prefiro a rebeldia que me confirma como gente e que jamais deixou de provar que o ser humano é maior do que mecanismos que o minimizam". Essa incansável e rebelde luta, expressa tanto de forma coletiva, manifestada por sua ação educativa entre grupos populares, quanto individual, percebida no ato de ser cidadão atuante na sociedade, tornam-se molas que impulsionam o sujeito-educador no caminho do que a educação popular defende como projeto de emancipação, confirmado no seguinte depoimento:

> *Eu sou uma incansável sonhadora. Sonho com um mundo melhor, com menos injustiças sociais onde de fato todos os cidadãos acessem os seus direitos sem ter que esperar que alguém lhes conceda o que já é seu. Por isso, entendo que a minha participação em diferentes lugares junto a outros colegas pode reforçar isso e não deixar cair no esquecimento.*

O modo de participação indicado pela educadora demonstra que o espaço de atuação não é restrito ao âmbito dos grupos populares, mas inclui também espaços mais amplos em que o educador exerça a sua cidadania como sujeito atuante na sociedade. É encarar a rebeldia como mobilizadora da sua ação no mundo. A rebeldia é ponto de partida indispensável, dizia Freire (1996a), pois defende o autor que a "rebeldia enquanto denúncia precisa se alongar até uma posição mais radical e crítica, a revolucionária, fundamentalmente anunciadora". Isso inclui, para além do seu local de ação direta, a participação nas associações de bairro, as assembleias do orçamento participativo, os conselhos de direitos, fóruns, entre outros. Se de fato os educadores populares são potencializadores de grupos cujo objetivo é alcançar autonomia e emancipação, a sua luta não está focada apenas em seu trabalho nos grupos, mas perpassa toda a sua atividade como sujeito.

3. Criatividade metodológica

Reconhecendo a importância dos movimentos como instituintes de práticas educativas que constroem novas sociabilidades, buscam e afirmam a cidadania para os setores excluídos da sociedade, defendemos que, no seio dessas práticas, há uma criatividade metodológica importante que precisa ser destacada. A vivência dos educadores populares revela uma ampla e diversificada teia de experiências de educação popular, empreendidas pelas ações coletivas dos movimentos, cuja riqueza epistemológica nem sempre é evidenciada e devidamente explorada.

O potencial de transformação cuja ação apresenta como objetivo a emancipação das populações aparece com facilidade nos relatos, confirmando que a emancipação é a chave do processo educativo, no campo da educação popular. Esse movimento reflexivo é fundamental, pois propicia a elaboração, por parte do educador, de sua teoria sobre a ação. Além disso, o aspecto da prática aparece como potencializador do tornar-se educador popular, pois está presente em todos os depoimentos dos educadores entrevistados:

> *Acredito que me constituí educadora popular principalmente na prática. Desta forma minha prática desde o princípio foi permeada pelo amor na ação, pelo afeto e pela constituição de vínculos. Sem estes qualquer ação na educação popular não se efetiva ou sequer acontece. Para mim a vivência/experiência – estar e fazer com – faz alguém ser educador/a popular. Não basta se dizer ou teorizar sobre. Considero imprescindível para o(a) educador(a) popular a coerência, honestidade, transparência, solidariedade, comprometimento, crítica e autocrítica, o trabalho como princípio e valor.*

A opção pela construção de um projeto de sociedade alternativo ao sistema vigente, em que a militância e a rebeldia fazem parte e também o comprometimento com o despertar de processos educativos com grupos e pessoas que não estão necessariamente na mesma sintonia, faz do sujeito um educador popular.

> *Minha prática considero uma das mais complexas e uma das mais realizadoras. Complexas porque lidamos com situações fortes, lidamos com frustrações de nossos meninos e meninas. Contudo, realizador porque temos a condição de potencializar os sonhos e esperanças desse público.*

Em síntese, os relatos dos educadores com os quais dialogamos reflete a opção e a mobilização como fatores fundamentais para o ato de tornar-se educador, reforçado pela experiência alicerçada na prática cotidiana.

No período de mais de quatro décadas de experiências inovadoras no propósito de organizar e qualificar os movimentos sociais, a educação popular vem acumulando um referencial teórico e metodológico de trabalho político-pedagógico que revelam a riqueza e a sabedoria das classes populares em diálogo, inclusive, com os saberes acadêmicos. Aliado a movimentos organizados em que se projetam horizontes alcançáveis, mas nem tão visíveis, esse sujeito educador constrói seus instrumentais de trabalho na prática, alicerçado, muitas vezes, em experiências daquelas que já passaram por esses caminhos.

São saberes construídos socialmente e coletivamente, em que se entrecruzam a riqueza dos conhecimentos, experiências, sentidos das culturas populares, silenciadas, negadas, vividas no cotidiano, nas estratégias de sobrevivência e de trabalho ou reificadas em artefatos e nas tradições, conhecimentos ou crenças populares. A educação popular possibilita o diálogo de saberes populares, da cultura popular com os saberes/conhecimentos produzidos e sistematizados socialmente; que se orientam pelas necessidades dos setores populares, visando incorporá-los à sociedade, como seres humanos por inteiro. Ela utiliza várias linguagens, entre as quais estão lúdicas, artísticas, teatrais, poéticas, científicas, imagéticas. São saberes de uma epistemologia que une ação-reflexão. Saberes que resultam em uma práxis transformadora.

A dimensão educativa da participação é uma delas e proporciona várias experiências educativas, que constituem o pedagógico do movimento que, em seus procedimentos e rituais, desenvolvem uma didática que compõe uma pedagogia comunitária, que nasce da ação dialógica dos sujeitos. Todo e qualquer projeto pedagógico, ou proposta de educação, e todo e qualquer ato educativo são, fundamentalmente, ações políticas, ou seja, o educador, ao definir determinada metodologia de trabalho, planeja, decide e produz determinados resultados formativo-educacionais que acarretam consequências na vida dos educandos e na sociedade em que educador e educandos se encontram.

Entre as variadas metodologias que fizeram história no campo da educação popular, especialmente vinculadas aos centros de educação de base (CEBs) e pastorais sociais, destacamos o método "ver-julgar-agir", que se desenvolveu em plena época da ditadura militar; a pesquisa por temas geradores, que aparece bem destacada por Freire em *Pedagogia do oprimido* e a pesquisa socioantropológica, desenvolvida nos projetos da escola cidadã, que desponta nos anos de 1990. Assim, na educação popular, há uma prática da liberdade que se contrapõe à educação bancária. Ela se concretiza como ação cultural para a liberdade – e ação realizada com o sujeito no processo de organização comunitária e coletiva.

Vale lembrar outras estratégias educativas utilizadas pela educação popular que serviam e ainda servem de estímulo ao desenvolvimento educativo-cultural das comunidades, que por meio da animação cultural desenvolviam o teatro popular surgido nos anos de 1950 com a intenção em desenvolver uma prática voltada para a revolução social, cuja tarefa era de promover sua popularização, no sentido de ir para onde o povo está e falar sua língua. Da mesma forma, a comunicação comunitária, que se realiza como parte de uma dinâmica de organização e mobilização social utilizando-se de produção jornalística, radiofônica, estratégias de relacionamento público, entre outras, também estava inserida nesta dinâmica.

Contudo, é preciso salientar duas características fundamentais na ação de ser educador popular: o respeito às culturas locais e a necessidade de uma profunda leitura da realidade. Estas orientam toda e qualquer ação educativa que venha propor ao educador popular, alicerçado no que foi apresentado até aqui como criatividade metodológica. Não há criatividade metodológica que se sustente neste campo sem a manutenção dessas características; portanto, vejamos o que de fato isso quer dizer nos dois itens que seguem.

4. Respeito às culturas locais

Existe uma variedade de experiências que inspiram processos educativos que se articulam com os movimentos sociais na perspectiva da emancipação. Por isso, está tão intimamente vinculado com o tornar-se educador popular, pois é, em síntese, a atmosfera que envolve ser e estar neste lugar. A realidade social, cultural e política do povo é o ponto de partida na busca de potencializar a organização desses movimentos. A tomada de consciência, reflexão e ação se converte em elementos básicos e inseparáveis do processo educativo, aprendendo com a própria história. Assim, os educadores indicam que o ato de ocupar esse lugar exige necessariamente o reconhecimento do lugar do outro como ator social.

> [...] capaz de considerar o senso comum e estimular o sujeito para ser um ator social dinâmico, comprometido e reflexivo, ampliando as possibilidades de ação e novas possibilidades que compreendam a necessidade de estabelecer uma nova dinâmica de relação com o meio.

A valorização do conhecimento popular, da sabedoria popular, é o reconhecimento da produção da vida material e espiritual dos grupos sociais. É o conhecimento que permite a sobrevivência do ser humano em sua relação de criação da vida, transformando a natureza com a prática cotidiana sensível, tanto no uso dos recursos naturais nas formas primitivas, quanto na sobrevivência do mundo urbano contemporâneo.

Sobre isso, afirma Fals Borda (1999, p. 45),

> Este conhecimento, folclore ou sabedoria popular, não é codificado segundo os padrões da forma dominante e, por esta razão, é menos prezado, como se não tivesse o direito de articular-se e expressar-se em seus próprios termos. Mas este conhecimento popular também tem sua própria racionalidade e sua estrutura de causalidade, isto é, pode-se demonstrar que tem mérito e validade científica per se.

A educação popular como práxis comprometida com a emancipação do sujeito está em conexão com a construção e reconstrução do conhecimento a partir dos contextos culturais dos sujeitos educandos. A pedagogia popular pressupõe o respeito aos saberes e experiências do educando, a construção do conhecimento a partir da realidade, de seus saberes tácitos e do senso comum. A consideração do senso comum (Gramsci, 2001) significa dar espaço à voz dos educandos. A expressão dos oprimidos traz à tona sua visão de realidade, possibilitando ao educador a relação dialógica necessária para que o educando reflita sua realidade e desencadeie ações transformadoras. Ação, reflexão e ação configuram a práxis, isto é, a prática teorizada, em que teoria e prática, pensar e fazer fundem-se em ações interferentes e transformadoras da realidade. Este processo só se materializa em uma relação participativa e democrática; sem isso, não há possibilidade de empolgar o educando para a condição de sujeito.

A participação é o caminho pedagógico para a constituição do sujeito democrático (Torres, 2001). A pedagogia da participação é inerente à educação popular, pois os indivíduos não nascem participativos (Lima, 2006), mas aprendem a participar no seu espaço social e cultural. Isto significa que a democracia e a participação são pressupostos de uma educação popular, assim como esta é indispensável para a efetivação da democracia e da participação.

Compreendemos que o educador, como "sujeito designado a vir aos grupos populares com um saber que lhe é específico e que dá a estes grupos uma contribuição teórica própria" (depoimento de um educador), é mediador da problematização da realidade junto aos educandos, sendo, ao mesmo tempo, mediado pelo movimento de ação-reflexão-ação. Assim todos os sujeitos se transformam, porque tanto os educandos quanto os educadores mobilizam os próprios saberes e a própria leitura da realidade. Assim, o objetivo comum entre os educadores populares é o fortalecimento das classes populares como sujeitos de produção e comunicação de saberes próprios, visando à transformação social. Por meio do diagnóstico participativo, isto é, do diálogo, busca-se recuperar a oralidade e a história de cada um. Portanto, o educando e o educador formam-se mutuamente, ao longo do processo educativo, ou melhor, "já não se pode afirmar que alguém liberta alguém, ou que alguém se liberta sozinho, mas os homens se libertam em comunhão" (Freire, 2004, p. 75).

5. Leitura da realidade

Entendemos que a educação vivenciada nos lugares onde a sociedade se confronta com seus limites caracteriza-se por ser um processo de produção, apropriação e partilha de experiências e conhecimentos sobre a realidade social, política, econômica, cultural. Nos movimentos e nas lutas empreendidas pelos setores das classes populares, são vivenciados processos educativos e propostas de educação, destacando-se as experiências de educação popular em ONGs, associações comunitárias, centros de cultura popular, as práticas de economia solidária em associações, cooperativas, feiras.

Nesse contexto, o educador, como indica Zitkoski (2010), "é um esperançoso diante do desafio de construir uma sociedade igualitária, justa e solidária". Entretanto, salienta o autor, para que esse sonho se torne realidade concreta na história da humanidade, "é necessária a afirmação de uma nova cultura, como busca de sentido para o nosso viver e existir no mundo". Esse, então, seria um dos principais desafios do processo educativo emancipatório – de reelaboração cultural e reconstrução da existência humana em sociedade, que se faz de forma intencional "para humanizar o mundo por meio de uma formação cultural e da práxis transformadora de todos os cidadãos, autênticos sujeitos de sua história, construída pela participação coletiva e democrática" (Zitkoski, 2010).

Nesse caso, o papel do educador é o de, com o educando, "partejar a criticidade", conforme indica Paludo (2010). A educação popular é, então, de acordo com o entendimento de Calado (1999), "uma perspectiva, uma metodologia, uma ferramenta de apreensão/compreensão, interpretação e intervenção propositiva, de produção e reinvenção de novas relações sociais e humanas".

As possibilidades de mudança acontecem por meio do exercício da cidadania participativa, que vai se construindo de muitas formas. Uma delas refere-se ao desenvolvimento de iniciativas comunitárias que têm gerado projetos de transformação, articulando entre si uma teia de experiências diferenciadoras do movimento social dos últimos anos.

É com base nessas novas configurações das experiências que devemos nos perguntar: educação popular para quem? Com quem? De fato, ela pretende ser uma educação para todos? O termo popular significa a vontade de dirigir-se a todas as camadas da população, com uma atenção especial para aquelas que estão despossuídas de bens, saberes ou poderes legitimados. Em síntese, é isso que a educação popular defende, ancorada na perspectiva de uma educação que prepare os sujeitos para a vida, em que a reinvenção da emancipação passa por uma leitura de mundo crítica.

Portanto, o educador popular é um sujeito que, em sua trajetória de vida, fez a opção de percorrer um caminho alternativo em defesa de um projeto de sociedade muito particular. Na relação com os grupos populares, demonstra compromisso aliado a sentimentos de pertencimento, vinculação e identificação, considerando-se um potencializador de processos emancipatórios.

Capítulo IV

Educação popular e políticas públicas: entre o instituído e o instituinte

Educação popular e políticas públicas: entre o instituído e o instituinte

Nos últimos anos, intensificou-se a presença da educação popular nas políticas públicas no Brasil. Em meio a tensões e conflitos, sua influência, materializada em áreas como as políticas sociais e de assistência à saúde, revela uma dimensão promissora dessa relação. Na educação, sabidamente a maior parte dos educadores populares e suas ações políticas e pedagógicas estão ligadas ao Estado, seja por meio de financiamentos (ONGs), seja pelo vínculo empregatício. Nesse sentido, estabelece-se uma relação contraditória, tendo em vista a postura transformadora das experiências desenvolvidas, em parte até subversivas, em relação ao poder do Estado.

As relações entre educação popular e Estado revestem-se de múltiplas dimensões, em razão da própria natureza. Destacamos a dimensão dialógico-conflitiva, que compreende essa aproximação a partir de posturas estratégicas e de resistência. A estratégia refere-se à participação no que está posto, instituído, buscando avançar dialeticamente com base nos ideais históricos da educação popular – agindo com esforço instituinte, moldando o dado em meio aos inevitáveis condicionantes. Freire

(1981, p. 34) reconhece que, no esforço pela transformação, "são admitidas certas mudanças, de caráter obviamente reformista e, mesmo assim, com a devida cautela". É, ainda segundo o autor citado, a artimanha de quem busca "conhecer o que pode ser feito, em um momento dado, pois que se faz o que se pode e não o que se gostaria de fazer". Por sua vez, a resistência, não isolada da estratégia, vai ao encontro do papel da educação popular que, afinada com a racionalidade comunicativa, se coloca vigilante diante da racionalidade instrumental do Estado, resistindo, por dentro do sistema, a seus impulsos conservadores, isto é, nem sempre o Estado é considerado antagônico, com o qual não pode haver diálogo; mas, sem descuidar de seus vínculos sistêmicos, é um diferente com o qual é necessário interagir.

Portanto, no intuito de evidenciar algumas das faces das relações entre a educação popular e o Estado, com ênfase nas políticas públicas, este capítulo abrange experiências que retratam a organização e a luta de educadores populares por formação e conquistas sociais; as ONGs e sua influência em relação às políticas públicas; e as tensões na implementação de políticas de proteção social no âmbito municipal, com base na educação popular. Também aborda a democratização do processo de decisões sobre o orçamento público como possibilidade de ampliação da democracia e constituição de espaços pedagógicos permanentes; e os dilemas que permeiam a construção do marco de referência da educação popular para as políticas públicas.

1. Políticas de assistência social e organizações da sociedade civil (ONGs)

As políticas sociais estão associadas a processos civilizatórios que definem as possibilidades de construção dos vínculos e do contrato social. No Brasil, as políticas sociais guardam estreita relação com a construção da política em um sentido mais amplo e expressam multiplicidades ideológicas que orientam as alternativas e opções de diferentes atores diante do projeto político e de desenvolvimento nacionais, no confronto com as perspectivas do neoliberalismo econômico que entende "mercado" como o melhor regulador das relações sociais.

As mudanças que orientam o conjunto das políticas sociais atualmente objetivam, por um lado, reduzir os efeitos adversos do ajuste estrutural (possuem, portanto, caráter compensatório) e, por outro, são implantadas à margem da institucionalidade vigente no campo da proteção social (nesse sentido, possuem natureza flexível e não se constituem em direitos). Essa tendência contraditória gera uma profunda dessocialização na sociedade brasileira.

Além disso, a política social da assistência social, especialmente, encontra, nas organizações da sociedade civil, uma possibilidade de efetivação descentralizada. Ao abandonar-se a constituição de redes públicas permanentes capazes de oferecer bens e serviços justamente onde eles são mais necessários, ficam evidentes a fragmentação das ações e seu caráter emergencial e provisório. Substituem-se programas nacionais e regionais por iniciativas "locais" cuja cobertura não é suficiente e cujo impacto é dificilmente percebido (Montaño, 2005).

Desde o primeiro artigo da Lei Orgânica da Assistência Social (Loas), o Estado reconhece a participação de iniciativas da sociedade civil na garantia dos direitos socioassistenciais. Com relação a essa reforma, as organizações da sociedade civil tiveram um papel estratégico. O objetivo era a atuação ampla dessas organizações em setores considerados não exclusivos do Estado, entre eles, a política de assistência social.

> *Trata-se de um movimento que é portador de um novo modelo de administração pública, baseado no estabelecimento de alianças estratégicas entre Estado e sociedade, quer para atenuar disfunções operacionais daquele, quer para maximizar os resultados da ação social em geral. Assim, o propósito central do Projeto Organizações Sociais é proporcionar um marco institucional de transição de atividades estatais para o terceiro setor e, com isso, contribuir para o aprimoramento da gestão pública estatal e não estatal (Brasil, 1998, p. 7).*

O processo de normatização da Política Nacional de Assistência Social só se efetivou a partir da Resolução CNAS n. 130, de julho de 2005. Na ocasião, foi aprovada a Norma Operacional Básica do Sistema Único de Assistência Social (NOB/SUAS), pressupondo uma gestão compartilhada pelas três esferas do governo, mais a sociedade civil que tem papel efetivo na implantação e implementação de tais políticas. A normativa diz que

> *a ação da rede socioassistencial de proteção básica e especial é realizada diretamente por organizações*

> *governamentais ou mediante convênios, ajustes ou parcerias com organizações e entidades de assistência social. A relação entre as entidades de assistência social e o Suas se dá através de um vínculo – o vínculo Suas –, pautado pelo reconhecimento da condição de parceiro da política pública de assistência social. Será estabelecido a partir desse reconhecimento pelo órgão gestor, da entidade, previamente inscrita no respectivo conselho de Assistência Social, da identificação de suas ações nos níveis de complexidade, definidos pela Política Nacional de Assistência Social/2004 e de sua possibilidade de inserção no processo de trabalho em rede hierarquizada e complementar. A forma de viabilização de tal procedimento deverá contemplar a definição de instrumental – base para sua operacionalização (Brasil, 2005, p. 16).*

Consideramos que é muito importante a mobilização da sociedade contra a fome e a miséria, assim como afirma Montaño (2005, p. 18), "porém o problema é, primeiramente, ignorar que se trata de ações emergenciais que, dando respostas imediatas e assistenciais, não resolvem a médio e longo prazo as causas da fome e da miséria, consolidando uma relação de dependência dessa população por estas ações". Essas ações desempenhadas pelas ONGs operam muito mais para esgotar os esforços reivindicatórios e as lutas sociais, uma vez que estão atendendo a uma demanda projetada por agentes externos.

Além disso, é também uma forma de regular a ação das inúmeras organizações sociais criadas no País com o objetivo de atender as populações empobrecidas, mudando o lugar social das organizações: de instituidoras de processos educativos passaram a meras executoras de processos já instituídos no bojo dos ideais com os quais tais políticas foram concebidas.

Inserir os programas sociais na ótica dos direitos sob o abrigo das políticas sociais, rompendo com a invisibilidade e a fragmentação em que sempre foram mantidas, foi o embate que mobilizou e continua mobilizando forças sociais diversas com o objetivo de inscrever direitos e prerrogativas no texto legal. As políticas sociais configuram conquistas históricas arregimentadas pelos movimentos populares, cujo maior objetivo sempre foi garantir direitos para todos. Recuperar essa memória histórica pode contribuir para minimizar os conflitos instaurados e redirecionar as devidas responsabilidades.

2. Tensões na implementação de políticas públicas na assistência social

A assistência social é uma política de seguridade social não contributiva, de caráter universal que se realiza por meio de ações de iniciativa do Estado e da sociedade, com vistas ao atendimento das necessidades básicas do ser humano. Estrutura-se a partir da proteção social em duas modalidades principais: básica e especial. Estamos diante de um campo complexo e contraditório: o da educação de processos não escolares. A reflexão que apresentamos aqui trata de algumas das implicações da implementação dessa política na Secretaria Municipal de Assistência Social, do Município de Novo Hamburgo (RS).

Conforme orientações técnicas (Brasil, 2009), a Proteção Social Básica destina-se à população que vive em situação de vulnerabilidade social decorrente da pobreza e/ou fragilização de vínculos afetivos, relacionais e de pertencimento social (discriminações etárias, étnicas, de gênero ou deficiências). Intenciona evitar situações de risco desenvolvendo as potencialidades dos sujeitos e o fortalecimento de vínculos familiares e comunitários. A Proteção Social Especial visa o atendimento às famílias e indivíduos com seus direitos violados, e cujos vínculos familiar e comunitário já foram rompidos ou não. Essa modalidade, naturalmente, requer maior estruturação técnico-operacional, atenção especializada e individualizada. Também trabalha com o objetivo de fortalecer e ou restabelecer os vínculos familiares e comunitários, exceto em casos extremos de violência ou de decisão judicial em que o afastamento deve ser mantido.

A política prevê a organização das ações em três eixos principais: matricialidade sociofamiliar, descentralização e territorialização. A matricialidade sociofamiliar é o eixo fundante das ações de proteção, pois, uma vez apoiada e protegida, a família constitui-se em importante referência para a instituição de vínculos e de participação social, promovendo o *empoderamento* de seus membros. O eixo da descentralização dispõe que as ações são organizadas em sistema descentralizado e participativo, constituído pelas organizações de assistência social, articulando meios, esforços e recursos, e por um conjunto de instâncias deliberativas, compostas pelos diversos setores envolvidos na área.

Por fim, o eixo da territorialização permite estabelecer ou delimitar determinada área geográfica, mas não somente isso. Trata-se do princípio de não intervenção cabendo exceções, evidentemente.

Reportamos aqui a necessidade de incorporar a vida do território. Entre os desafios da implementação da política com base nos princípios da educação popular, destacamos o elemento da participação, pressuposto comum aos três eixos antes mencionados. Primeiro a participação direta do sujeito (família ou indivíduo), referenciado como "usuário". Aí está a primeira contradição já anunciada nas normativas e nos processos de intervenção dos profissionais. A tensão é sentida no ato de reconhecer esse sujeito como cidadão ou concebê-lo a partir da sua condição inicial de "usuário", um sujeito marcado pelo estigma da "vulnerabilidade ou risco social". Lefebvre (1967), a partir da noção de "resíduo", ajuda-nos a descortinar esta realidade para enxergar o cidadão em vez do usuário, mas não é somente isso. A maior contribuição dessa noção estudada pelo autor reconhece a força e a potência do sujeito vulnerável. Em suas palavras, "promover um resíduo, mostrar sua essência contra o poder que o oprime e o patenteia tentando oprimi-lo, é uma revolta. Reunir os resíduos é um pensamento revolucionário, um pensamento-ação" (Lefebvre, 1967, p. 376). Outro desafio aqui é estranhar o conceito de "família", desvencilhando-se de um discurso etnocêntrico. Sarti (2004, p. 116) auxilia-nos a pensar sobre isso:

> *Não somos capazes de enxergar o outro e aceitá-lo se não conseguirmos nos estranhar em relação ao que*

> somos. O conhecimento da realidade social requer, assim, "relativizar" nossas próprias referências de sentido. A exigência desta vigilância epistemológica se acentua quando se trabalha com questões relativas à família, diante da dificuldade de distanciamento emocional, que torna o observador mais etnocêntrico do que o é habitualmente.

Considerar a questão da participação é reconhecer e acreditar nesse sujeito como alguém capaz de pensar a própria vida ou a vida da sua família, percebendo os espaços coletivos na comunidade e estabelecendo um processo de educação permanente, para toda a sua vida.

O eixo da descentralização estrutura as organizações sociais, a partir da ideia de rede que delibera sobre as ações da política municipal. Esse grupo possui o Conselho Municipal da Assistência Social (Comas), que, ao mesmo tempo em que integra a rede como uma organização social, é o responsável por reunir, de forma representativa, todas as organizações sociais. Aqui a tensão é maior, pois se trata também da gestão dos recursos financeiros.

A partir da análise de algumas plenárias do Comas, testemunhamos as tensões entre uma cultura individualista e uma cultura com vistas para a coletividade. A participação dos conselheiros, sem dúvida, configura-se em exercícios de aprendizagens dos processos democráticos, mas a lógica de financiamento da política instituída, por meio de projetos com duração de curto prazo, contribui para o caráter descontínuo das ações, reforçando a predominância de uma cultura individualista e competitiva.

No último eixo, incorporar a vida do território significa optar por metodologias investigativas no sentido de superar antigas práticas radicalizadas na lógica da intervenção. Por fim, trata-se de repensar os conceitos de proteção, premissa principal da política da assistência social.

Aos profissionais dessa secretaria municipal, bem como os demais que compõem a rede de serviços socioassistenciais, cabe um esforço para questionar essas lógicas naturalizadas, visando um encontro qualificado da educação com o social. Bem como explorando possibilidades de a proteção se constituir como direito e potência para os sujeitos ditos "vulneráveis ou em risco", agregando aos processos educativos valores que favorecem, entre outros, uma cultura que promova a dignidade das pessoas para a tão desejada justiça social.

3. Orçamento participativo como lugar de aprender

Atualmente, o vocábulo "participação" é utilizado com muitos sentidos em contextos sociais e políticos muito diferentes, fazendo-se necessário algum tipo de adjetivação para diferenciar, por exemplo, uma participação manipulada de uma participação que pode ser considerada democrática. Entendemos que essa última não pode prescindir de pelo menos três atributos:

a) Possibilidade de cada um e cada uma expressar sua palavra e ser ouvido(a) pelos outros.

b) Condições de organizar-se para a construção coletiva de projetos definidos por meio da cooperação.
c) Objetivo de uma sociedade justa.

Entre as várias práticas de participação em espaços públicos, destacamos uma que em sua origem tem uma forte vinculação à educação popular e é especialmente pertinente às práticas educativas de jovens e adultos. Trata-se do orçamento participativo que hoje é adotado em muitos municípios do Brasil e em outros países. Não existe, para esse mecanismo, uma única fórmula, pois as experiências são condicionadas pela cultura política local, pela intencionalidade política das autoridades responsáveis pela elaboração do orçamento e pela gestão, e não por último, pela capacidade organizativa da sociedade por meio de suas organizações, partidos políticos e movimentos sociais.

No Brasil, a experiência pioneira que se tornou referência é Porto Alegre, onde esse mecanismo começou a ser desenvolvido em 1989, mantendo-se em funcionamento desde então. Apesar de a Constituição Federal prever a participação direta da população na gestão da cidade, o processo provocou muita polêmica, principalmente por deslocar parcela de poder de agentes políticos tradicionais para a comunidade organizada. Esta gera as próprias lideranças que, por sua vez, são permanentemente acompanhadas e fiscalizadas pela comunidade. O orçamento participativo, via de regra, compreende o envolvimento de três tipos de instâncias:

a) Unidades administrativas do governo;
b) Instâncias comunitárias, movimentos sociais e instituições, como escolas, hospitais e polícia;
c) Instâncias institucionais específicas para a condução do processo, como os conselhos do orçamento público e as coordenações regionais.

Além da vontade política requerida pelos governantes para inserir em ação uma efetiva escuta dos cidadãos no orçamento, ou seja, naquilo que pode ser considerado o núcleo duro de uma administração, o processo requer uma série de estratégias organizativas, desde as definições de áreas temáticas prioritárias até a votação de projetos específicos a receberem recursos públicos. Este processo possui um importante potencial pedagógico de formação de cidadania, como destacado na fala de Íria Charão (2005, p. 186), membro da equipe que coordenou o orçamento participativo em Porto Alegre e depois no Estado do Rio Grande do Sul (1999-2002):

> *Procuro ter um olhar diferente sobre a participação e procuro passar isto para as pessoas, porque eu acho que nós não podemos nos propor a ser uma equipe de arrecadar demandas. Para isso a comunidade sabe se organizar e o faz com os mecanismos que sempre usou. Agora o que é importante neste processo é de fato despertar cidadãos. Nisso já se percebem todas as dificuldades que tem com essa nova visão na qual se mudam conceitos na relação do cidadão com o Estado. Eu acho que uma das coisas que nós podemos eliminar com um processo desses é o paternalismo e o assistencialismo,*

porque a gente vai ter cidadania plena quando se colocam questões e se discute.

Tais palavras identificam no orçamento participativo muito mais do que um instrumento para receber e organizar demandas da sociedade para fazer frente a determinadas necessidades. Isso é importante, e a grande maioria dos participantes mobiliza-se em função de projetos capazes de trazer uma melhoria para a sua região, desde a reforma da escola até a construção de um posto de saúde. Com isso, no entanto, está a possibilidade inerente ao processo de formar cidadãos que com a sua participação ajudem a superar a visão paternalista e assistencialista do Estado brasileiro.

Isso acontece de várias formas. Uma vez, ao apropriar-se do funcionamento da gestão do Estado (em nível municipal, estadual ou nacional), o cidadão começa a ter uma noção mais realista (quem sabe menos mágica) do poder dos governantes. Com isso, os números deixam de ser o privilégio de alguns especialistas e passam a fazer parte de discussões do cotidiano. Se os recursos são escassos, onde deveriam ser aplicados para trazer maior bem-estar à população? Os governantes, por outro lado, percebem os cidadãos muito mais próximos e, com isso, têm condições de restabelecer uma confiança que foi profundamente abalada na atual forma de democracia representativa. O orçamento participativo é, nesse sentido, uma das alternativas encontradas para reinventar o exercício do poder.

As reuniões do orçamento participativo constituem-se, também, em um espaço de aprendizado mútuo sobre a região ou cidade onde se vive. As diversas demandas apresentadas para apreciação dos participantes vão gradativamente compondo um retrato das necessidades das comunidades. A demanda de recursos para proteção contra as enchentes pode encontrar um contraponto na demanda do agricultor que pede recursos para um melhor aproveitamento de sua terra, incluindo o cuidado com as margens do mesmo rio que, quilômetros adiante, poderá alagar ruas e casas. Um agricultor de uma região de produção de frutas cítricas apresentou como demanda mais agilidade dos laboratórios de pesquisa para combater um fungo que ataca as plantas, mas, ao mesmo tempo, salientou que na comunidade havia conhecimentos que deveriam ser considerados pela pesquisa científica, no caso, aspergir as plantas com o próprio suco da fruta.

Os exemplos anteriores revelam o potencial do orçamento participativo como instrumento de formação da cidadania. Não é raro que as escolas se mobilizem para participar de audiências e assembleias. Há professores que transformam em temas de aula as demandas apresentadas pela população. A saúde, a ecologia, a educação, a segurança, entre outros temas, passam a ter uma concretude inexistente nos livros didáticos. São emergências pedagógicas situadas em processos sociais que, na fronteira entre o instituído e o instituinte, a prática e a teoria, a ação e a reflexão, se encontram para propiciar novas aprendizagens e novas práticas.

4. Diálogo entre os saberes instituídos e instituintes

Os processos de violação de direitos humanos têm estado presentes em níveis cada vez mais preocupantes. Diante desse contexto de opressão, manifestado pela precarização da vida, faz-se necessário pensar alternativas de inclusão social com intencionalidade política. Daí a importância de conhecer algumas experiências do campo da educação popular vinculadas a movimentos populares e projetos sociais que vêm realizando um trabalho de formação política como possibilidade de processo de construção do *empoderamento* da classe popular (Guareschi, 2010).

Em Porto Alegre, desde a década de 1990, uma associação formada por educadores populares vem construindo processos de formação política e pedagógica junto aos movimentos populares envolvendo agendas com o Estado. A Associação de Educadores Populares de Porto Alegre (AEPPA) possui um trabalho que acolhe um coletivo de educadores populares que vêm lutando por formação nos diferentes níveis da educação, levando em conta a inserção social dos educadores e as concepções da educação popular.

A demanda por formação de educadores populares na experiência da AEPPA constitui-se em um diálogo entre movimento popular e Estado, principalmente no que se refere ao projeto de educação. Assim, a busca pelo direito à formação permanente dos educadores populares, na relação com o movimento popular, abre um debate fecundo para o campo das políticas públicas no tocante à formação docente.

Os educadores que participam da AEPPA são aqueles trabalhadores que atuam em diferentes projetos sociais de cunho popular, como: educação infantil (creche comunitária), trabalho educativo, oficinas, Educação de Jovens e Adultos (EJA), Movimento de Alfabetização de Jovens e Adultos (Mova) e Brasil Alfabetizado –, acolhimento institucional (abrigos), educação de rua, trabalho socioeducativo e outros espaços não escolares. Segundo dados obtidos na AEPPA, há mais de 2,4 mil educadoras populares atuando nesses projetos sociais na cidade de Porto Alegre.

Os espaços educativos em que os educadores populares vêm trabalhando são, em sua maioria, não escolares, mas considerados aqui como formais, porque possuem regulamentações, sejam estas da área da educação e/ou da assistência social. São espaços públicos não estatais, gestados pela comunidade por meio de associações de bairro, moradores, amigos, clube de mães, cooperativas etc. Tais espaços comunitários que desenvolvem os projetos sociais e educativos são denominados "instituições comunitárias", que trabalham com crianças, adolescentes e suas famílias, oriundas da classe popular e de bairros considerados periféricos de Porto Alegre. Nesses espaços (muito importantes também para as comunidades), ocorre a formação dos sujeitos que deles participam.

Os educadores participantes da AEPPA possuem uma identidade comum, a concepção de educação popular, tendo como luta principal a formação comprometida com a emancipação social. A formação desejada pauta-se pelo diálogo entre saberes do trabalho, adquiridos pela experiência, e os saberes construídos pelas ciências acadêmicas. Nesse contexto, no que tange à luta desse coletivo, a temática "educação e trabalho" está presente na demanda por formação nos pressupostos da educação popular.

As reuniões locais dos educadores e das educadoras populares realizavam-se nas comunidades, principalmente nas associações de bairro, e a geral, em local central, normalmente no Mercado Público ou na sede da Associação de Apoio ao Fórum Municipal dos Direitos da Criança e do Adolescente (Asafon), incluindo praças públicas (quando não conseguiam um espaço institucional). Como pauta inicial, estava a luta pelo direito à formação, depois o reconhecimento do educador popular.

Após muitas reuniões, as educadoras populares, atuantes em diferentes contextos educativos, conquistaram, via AEPPA e orçamento participativo, a formação inicial em nível médio – curso de magistério – com um currículo voltado para a educação popular na Escola Municipal Emilio Meyer, conforme relata a educadora:

> *Ano de 1998, eu grávida, sonhando com dois nascimentos: o da minha filha Tuani e o do Curso Normal, direcionado para nós educadores populares, que, com seguimentos organizados da Microrregião V (Glória, Cruzeiro e Cristal) e da cidade de Porto Alegre, escrevemos o Curso com três eixos norteadores: a Educação Popular, a Interdisciplinaridade, a Avaliação Emancipatória, com*

> *sua grade curricular aberta, pois os conteúdos partem da prática de cada aluno-educador que está em formação.*

Em 2001, oitenta educadores populares de Porto Alegre iniciaram esse curso. No ano seguinte, esse mesmo movimento popular permanecia lutando por formação superior em um diálogo com a educação popular. A reivindicação estendeu-se além das reuniões comunitárias, buscando parceria com fóruns temáticos, sobretudo da educação, cultura e assistência social, bem como com o Conselho Municipal do Direito da Criança e do Adolescente (CMDCA) e o Conselho Municipal de Educação (CME).

Assim, a AEPPA conquistou o curso de Pedagogia na Universidade Estadual do Rio Grande do Sul (UERGS), em que as educadoras participaram no processo de escrita do Curso de Pedagogia de Educação Popular. Posteriormente, conseguiu convênios com instituições privadas para cursos de pedagogia, a exemplo do curso Licenciatura em Pedagogia – ênfase em educação popular da Pontifícia Universidade Católica do Rio Grande do Sul (PUC-RS). E ainda, construíram com docentes de diversas universidades um curso de especialização em Educação Popular e Movimentos Sociais no Instituto Brava Gente. Todos os cursos tiveram seus projetos escritos ou reformulados, contemplando as demandas do movimento popular, como pode ser constatado na declaração de uma educadora popular:

> *Eu fui do Mova; lá a gente fazia educação popular. No abrigo não se fala de educação popular, mas eu vejo a educação popular lá, eu tento fazer, mas falta conhecimento para todos da casa. Por isso, a formação tem que*

> *ser construída com a gente, que abranja espaços formais e não formais de educação, tenham ingresso diferente do tradicional porque muitos de nós não estudamos em boas escolas, o que não nos dá a chance de concorrer a um vestibular. Trazer a realidade do trabalho e da educação popular na formação é importante para nossa comunidade, para instituição, para nós e para nossa família. Um curso que leve em conta nosso trabalho e as lutas na comunidade.*

A pedagogia proposta pela AEPPA nos pressupostos da educação popular necessita dialogar com os saberes instituídos e instituintes de modo a aprofundá-los com conteúdo político, cultural e pedagógico. Desse movimento, emergiram as experiências de formação, as quais não resultaram em política pública, pois desta experiência permanece, ainda, apenas o curso de especialização em educação popular. Conforme a fala de outra educadora entrevistada, é possível verificar as relações entre o instituído e o instituinte:

> *Quem trabalha com a educação popular sofre preconceito, pois se acha que só se trabalha educação popular com o pobre miserável. Incluir não é só colocar para dentro, é criar espaço para construir a justiça social. Atualmente educação e assistência, com a política de convênio, estão sem condições de permanecer. Isto é reflexo da não valorização das comunidades, a AEPPA tem que tomar decisão, ela não é mágica, mas tem que enfrentar o governo. Por exemplo, a prefeitura ainda deve para o governo do estado aquele curso de pedagogia da UERGS. A AEPPA tem um grande papel na formação de educadores populares em serviço. O curso da UERGS teve muitos*

problemas de infraestrutura, mas foi bom [...]. Dos 150 educadores, 117 colaram grau, os que não concluíram foi por motivo de doença ou outros problemas. Este curso era para educadores populares das instituições comunitárias, tínhamos aulas pela manhã e pela tarde por quatro anos e meio. É bom lembrar que a UERGS foi criada no governo Olívio. A estrutura era precária, faltava papel-higiênico, alguns professores contratados e recebemos a carteira de estudante só no sétimo semestre. Dois professores ministravam aula para 150 alunos. A minha turma foi a primeira e a única de pedagogia em Porto Alegre. Acabou por falta de vontade política. A AEPPA tem lutado, mas precisa brigar pelo nosso direito à formação.

Apesar desses fatos, tais experiências possibilitaram a construção de conhecimento crítico, o que tem potencializado a permanência dos educadores na luta pela formação e reconhecimento do educador popular. A AEPPA continua na luta por cursos de formação de educadores que contemplem os saberes do trabalho, da militância e o científico, considerando que não há neutralidade na luta, no conhecimento e tampouco nas opções políticas governamentais.

A opção metodológica insere-se no campo político e, sendo crítica, pode vir a contribuir com o processo de conquista da dignidade humana; também é um instrumento de transformação social, o que pode resultar em uma mudança radical no paradigma educacional. Essa concepção de educação e sociedade nega a política neoliberal de interesse do capital e assim a pedagogia bancária ou acrítica.

Portanto, a ousadia e a criatividade de os educadores populares reivindicarem e reinventarem os cursos de formação podem contribuir para problematizar, dialogar e pesquisar sobre a construção de políticas públicas de educação popular – as quais tenham como mote não só o rompimento com a educação e ensino fechados no conteúdo, mas também com os processos de exclusão social, resultantes do contexto do modelo capitalista de sociedade. Por fim, a experiência da AEPPA, na tarefa política de pensar e construir uma nova pedagogia, permanece urgente, uma vez que a lógica do mercado vem apossando-se do espaço educativo. Daí, a importância dos movimentos populares na luta permanente pelo direito à dignidade humana, que inclui a formação.

5. A educação popular e os dilemas da implantação do marco de referência

A iniciativa de elaboração do marco de referência da educação popular para as políticas públicas por parte do governo federal manifesta o propósito de "criar um conjunto de elementos que permita a identificação de práticas de Educação Popular nos processos das políticas públicas, estimulando a construção de políticas emancipatórias" (Secretaria..., 2014, p. 5). A partir dessa publicação, a expectativa é avançar na consolidação de uma política pública de educação popular, a qual se insere no conjunto de ações da Política Nacional de Participação Social, conforme explica o documento:

CAPÍTULO IV – EDUCAÇÃO POPULAR E POLÍTICAS PÚBLICAS: ENTRE O INSTITUÍDO E O INSTITUINTE

> *Este Marco insere-se no âmbito do processo de construção da Política Nacional de Educação Popular, da Política Nacional de Participação Social, das políticas e programas para a juventude. Tem como objetivo promover um campo comum de reflexão e orientação da prática no conjunto de iniciativas de políticas sociais que tenham origem, principalmente, na ação pública e que contemplem os diversos setores vinculados a processos educativo-formativos das políticas públicas do Governo Federal.*

A Política Nacional de Participação Social está vinculada a um movimento internacional pela democratização do poder político. Como se trata de uma proposição "sugerida" externamente e que não emerge do nosso contexto político e social, a participação defendida gera desconfiança. Porém, mesmo que esteja mais concatenada aos interesses de sustentação das democracias liberais do que ao *empoderamento* popular, o movimento contém aspectos positivos em relação à agenda popular. Se por um lado a adequação às exigências de organismos como a Organização das Nações Unidas (ONU) sobre a participação demanda cautela, por outro, os impactos em termos de possibilidades de avanços e conquistas sociais são imprevisíveis. Em meio a essa tensão, são suscitados diversos dilemas, que começam a ser vislumbrados quando refletimos sobre os tipos contraditórios de racionalidade que caracterizam Estado e sociedade. Enquanto o primeiro funciona de acordo com a racionalidade instrumental, o segundo segue a racionalidade comunicativa (Habermas, 2003). Sendo a participação regulada e moldada por um aparato legal, sua inserção se dará em uma dimensão bem mais instrumental do que comunicativa, reproduzindo a contradição.

O contexto brasileiro é marcado por uma hierarquia social e classista, cuja polarização não se reflete apenas no âmbito governamental. Também na família, na escola, no trabalho e no cotidiano de maneira geral, percebe-se uma tradição de relações sociais autoritárias. Nesse contexto, o aparato legal acaba se tornando um instrumental privado, estranho, portanto, à perspectiva de uma autêntica arena pública, horizontal e radicalmente democrática. Se a influência do Estado na sistematização da sociedade brasileira estruturou-se na lógica de mais Estado e menos esfera pública, com um forte indício de privatização e instrumentalização das relações sociais, cabe pôr sob suspeita sua articulação com a diversidade de grupos sociais que ele engloba, principalmente quando verificamos o caráter inorgânico e impositivo das estratégias de participação social.

As interrogações em torno da abrangência dessa proposta são inevitáveis. Por exemplo, será que a participação prevista pelo Estado envolve perspectivas de superação do modelo vigente, assim como o questionamento dessa estrutura? A resposta mais provável é negativa, pois dificilmente o Estado promoverá o próprio cerceamento. Ainda, será viável aderir a tais princípios, mesmo cientes de seu perfil inorgânico em relação ao contexto nacional e latino-americano do qual somos parte? Questões como estas revelam outros dilemas que permeiam um processo de democratização como o que está em foco, especificamente em relação ao marco de referência da educação popular para as políticas públicas.

A participação política não se efetiva na dependência de uma formulação legal, mas sim quando emerge do conjunto das práticas sociais. Das lutas históricas, dos movimentos populares, de iniciativas orgânicas de conquista da liberdade e da autonomia. Evidencia-se a necessidade do protagonismo, cujo espaço no seio do movimento pode e deve ser conquistado pelos sujeitos historicamente comprometidos. Problematizando a aproximação formal entre a educação popular e o Estado, percebemos o risco de que sejam suavizadas as contradições e os conflitos, fundamentais para a consolidação dos princípios democráticos radicais. Não podemos ignorar, também, a possível cooptação dos esforços da educação popular diante do engajamento às práticas políticas estatais. O financiamento é um indício dessa possibilidade, típica de uma racionalidade instrumental truncada em meio a interesses partidários, financeiros e a um forte aparato burocrático. Com a participação oficializada não há nenhuma garantia de autonomia diante do poder do Estado. Portanto, cabe refletir seriamente se este processo não acabará comprometendo o potencial transformador da realidade social e política, objetivo maior da educação popular.

Talvez a concepção negativa em relação ao papel do Estado seja uma das principais restrições à sua aproximação com a educação popular, via marco de referência e política pública. Entendemos que a participação popular necessita ser construída a partir de um determinado projeto político. Se a criação desses canais, por um lado, poderá abrir espaço para o fortalecimento de uma cultura participativa, por outro, tende a reduzir a sociedade civil a um recurso gerencial tecnificado e domesticado, sufocando ainda mais as lutas e oposições. Mas, cabe destacar que, além dos dilemas mencionados, o que se anuncia é um choque de interesses e perspectivas entre o que se sugestiona (externamente) e o que se espera (militância). Quiçá seja possível avançar naquilo que mais intimamente caracteriza a educação popular em relação ao poder hegemônico: a resistência e a criatividade.

Capítulo V

Pesquisa-educação: prática docente e investigativa

Pesquisa-educação: prática docente e investigativa

Quanto mais investigo o pensar do povo com ele, tanto mais nos educamos juntos. Quanto mais nos educamos, tanto mais continuamos investigando (Freire, 1981, p. 121).

Paulo Freire (1981) dizia que a educação é uma teoria do conhecimento posta em ação. Nesse sentido, ensinar/aprender e investigar/pesquisar são dimensões ou práticas do mesmo processo de conhecer. Isso significa, por um lado, romper com uma visão elitista de pesquisa; por outro lado, implica reconhecer especificidades que são importantes. O desejo de conhecer, a curiosidade, a possibilidade de mudar a si e de transformar a realidade são condições inerentes à forma como o ser humano se constituiu na história. Ao mesmo tempo, a complexidade do real exige procedimentos metodológicos que permitem apreender cada parte, a relação entre as partes e o todo, e o movimento no tempo e no espaço.

O título deste capítulo sugere que, na perspectiva da educação popular, a pesquisa é sempre uma tarefa pedagógica e a educação, uma tarefa investigativa. Não estamos propondo um novo tipo de pesquisa, mas pretendemos reafirmar a estreita conexão existente entre as duas práticas que, não obstante, mantém as suas especificidades. Questiona-se a clássica divisão de tarefas entre quem pesquisa e quem transmite o que outros pesquisaram, mostrando que é possível criar entre pesquisa e docência relações muito mais criativas e produtivas do ponto de vista de conhecer/transformar a realidade.

Sendo assim, este capítulo está desenvolvido sob dois eixos: no primeiro, apresentamos o encontro de perspectivas teórico-metodológicas para compor o campo que abrange práticas conhecidas como pesquisa-ação (Thiollent; Santoro); pesquisa participante ou pesquisa-ação participante (Fals Borda; Brandão); ou como sistematização de experiências (Jara; Torres Carrillo). Nessa proposta de pesquisa-educação, pode-se visualizar o encontro de vertentes sociológicas, pedagógicas e antropológicas. No segundo eixo, identificamos alguns princípios ou convergências metodológicas que são mais ou menos comuns a essas diversas práticas, com o objetivo de possibilitar o diálogo com a prática educativa.

1. As vertentes em pesquisa-educação

Atualmente, a América Latina tem sido um campo fértil de práticas de pesquisa que hoje são referência internacional. Citamos aqui quatro das mais expressivas:

1.1. Paulo Freire e as palavras 'grávidas de mundo'

A primeira tem como grande referência o trabalho de alfabetização de Freire que, como se sabe, não iniciava com o ensino de letras, sílabas, palavras e frases de uma cartilha, mas com/pela investigação do universo vocabular da comunidade onde aconteceria a prática de alfabetização. Como a leitura do mundo precede, segundo ele, a leitura da palavra, caberia identificar as palavras "grávidas de mundo". Esse era um trabalho interdisciplinar no sentido de envolver especialistas de diversos campos de conhecimento – sociólogos, linguistas, pedagogos etc. –, mas também transdisciplinar na medida em que buscavam ir além dos saberes disciplinares, integrando no processo de ensino-aprendizagem e na análise os saberes do povo.

Convém relembrar algumas passagens da prática do autor, descritas no livro *Pedagogia do oprimido*, cujo capítulo III inicia afirmando que "existir, humanamente, é *pronunciar* o mundo, é modificá-lo" (2004, p. 92). É uma pronúncia que se realizada por meio do diálogo entre sujeitos que se propõem a conhecer o seu mundo e que, para isso, o colocam entre si, como algo que os mediatiza, os conecta entre si. Segue-se daí que o ato investigativo-educativo é essencialmente dialógico (Freire, 2004, p. 119):

> *Não posso investigar o pensar dos outros, referido ao mundo se não penso. Mas, não penso autenticamente se os outros também não pensam. Simplesmente, não posso pensar pelos outros nem para os outros, nem sem os outros. A investigação do pensar do povo não pode ser feita sem o povo, mas com ele, como sujeito do seu pensar.*

Como isso se realiza na prática? Não temos em Freire um "passo a passo" de como fazê-lo. Ele apresenta sua proposta como um processo que continuamente problematiza a realidade e a consciência sobre essa realidade. Em sua experiência de alfabetização, tratava-se de fazer codificações das experiências de vida da comunidade que então seriam descodificadas para a produção de um novo conhecimento. Muito mais do que conhecer algo novo sobre a realidade, tratava-se de instaurar uma nova relação entre o sujeito e seu mundo, uma relação de transitividade, isto é, de abertura para novas possibilidades de conhecer e intervir no seu mundo.

Em todo o processo, cabe um lugar especial aos círculos de investigação temática que se compõem de especialistas e de representantes da comunidade desde o começo até a elaboração dos conteúdos (novas codificações) que servirão de base para a alfabetização. Os especialistas apresentam uma função importante para definir o que Freire chama de redução da temática estudada e que consiste em ajudar o grupo a identificar questões chaves para a compreensão da realidade que está sendo analisada. Cabe também a eles introduzir temas que são relevantes em dada situação para ajudar o grupo a avançar na reflexão. São os "temas dobradiça".

Uma das lições de Freire, que integram investigação e ensino, é a importância de pensar a prática. Teorias são derivações de determinadas práticas e, por isso, não podem ser transplantadas de um contexto ao outro. Isso ainda não significa que não se devem conhecer teorias, mas que elas devem ser compreendidas em sua vinculação com as respectivas práticas. Além disso, na concepção de Freire, tanto as teorias quanto as práticas não podem ser copiadas, mas precisam ser recriadas.

1.2. Orlando Fals Borda e o 'socialismo *raizal*'

Outra referência é Orlando Fals Borda, sociólogo colombiano, conhecido pela metodologia por ele cunhada como Investigación Acción Participativa (IAP). Segundo o autor, o desafio das ciências consiste em encontrar referentes comuns para a história, a sociologia política, para a ciência política e outras mais. Esses referentes, por seu turno, são encontrados nas respostas às perguntas sobre o para quê e para quem se pesquisa e escreve. Os critérios de validade de uma pesquisa, portanto, ultrapassam os cânones metodológicos clássicos de determinada disciplina para integrar a percepção dos sujeitos envolvidos na pesquisa e a utilidade para os projetos do grupo ou da comunidade.

A partir de um contexto universitário, Fals Borda (2009) questiona o distanciamento entre aquilo que se chama de conhecimento científico do conhecimento do povo e coloca como perspectiva o conhecimento vivencial. Vivência é uma experiência total dentro da qual a pessoa se coloca, com ação, pensamento e sentimento. Por isso também propõe, como sociólogo, que se deveria desenvolver uma sociologia *sentipensante*.

A pesquisa deixa de ser uma prática individual e isolada, passando a ser realizada em coletivos dos quais o especialista participa com os seus conhecimentos. Mas é necessário que as pessoas com as quais se faz a pesquisa se apropriem dos objetivos da mesma e que participem na discussão dos resultados. Em outras palavras, que elas vivenciem a pesquisa. Se há algum dado que não está correto, alguém do grupo chamará a atenção para o erro. Com isso os resultados não se tornam apenas mais corretos, mas mais úteis.

No processo de pesquisa é importante a recuperação da história, melhor, da contra-história: não a história oficial dos meios de comunicação de massa ou de livros didáticos dos grandes heróis e das pessoas "importantes", mas a história que se faz desde as pessoas que contam as suas lutas de sobrevivência, de resistência e de transformação (Fals Borda, 1990, p. 14). Por exemplo, na construção dessa história, são utilizados objetos das famílias carentes dos bairros, artigos que guardaram com carinho porque pertenceram a seus pais ou avós (fotos, retratos, vestidos etc.). Com isso, surgem novos protagonistas que apresentam outras versões sobre a realidade.

Da mesma forma, é importante valorizar a cultura popular. Essa cultura encerra valores importantes para a resistência e criatividade que podem contribuir para a construção do socialismo *raizal* ou autóctone na América Latina (Fals Borda, 2010). Faz parte dessa cultura popular a matriz indígena com sua dinâmica de vida coletiva; a contribuição africana com sua rebeldia na conquista da liberdade; a contribuição antissenhorial trazida para a América a partir de experiências de autogoverno comunitário na Península Ibérica; os colonos explorados por latifundiários e autoridades, bem como a fusão de todas essas contribuições em um mestiço cósmico.

Integram o método as formas de comunicar as descobertas (Fals Borda, 1990, p. 16). Para isso, foram desenvolvidos quatro níveis de comunicação. Em um primeiro nível, não se usa a palavra escrita, mas imagens, desenhos ou outros instrumentos para fazer um diálogo sobre os resultados e o processo. Um segundo nível combina o visual com um pouco de escrita. Já em um terceiro nível prevalece a palavra escrita sobre os meios visuais. O quarto nível é de caráter teórico, acadêmico.

A sociologia de Fals Borda é "sociologia da subversão", aquela que deve oferecer possibilidades de análise sobre as situações reais de conflito social e de transição entre uma "forma de vida e outra"; é a criticidade sobre a práxis cotidiana como indissociável da potencialidade subversiva dos movimentos sociais e grupos subalternizados e a própria realização de um projeto político emancipador. É um ato de "desobediência epistêmica" no sentido em que introduz uma ruptura na lógica de compreender o mundo no qual se vive (Fals Borda, 1968). Uma desobediência que é também uma ruptura pedagógica.

1.3. Carlos Rodrigues Brandão e a 'antropologia da confiança'

Da mesma forma, Carlos Rodrigues Brandão também se localiza nesse campo fértil da prática investigativa que se orienta pelas culturas e saberes dos populares. Ele está entre os intelectuais que preferem reconhecer que há mais perguntas que respostas no processo investigativo. Ou ainda, mais experiências em processo do que teorias fechadas em que o conhecimento "do" e "sobre" o mundo e "nas" e "das" condições de vida das classes populares deve partir de um conhecimento que é tanto coletivo quanto prévio.

Sobre as relações entre a academia-movimento e a antropologia-educação, Brandão (2014), ao longo de cinquenta anos de prática de pesquisa e de trabalho como educador de vocação popular, apresenta três vertentes de investigação social:

1) A **solitária**, que se experencia na condição de antropólogo, por longos ou breves períodos de observação (participante) com comunidades populares.

2) A **solidária**, denominação tomada de empréstimo das vivências e experiências com os movimentos sociais, cuja elaboração de projeto, trabalho de campo, estudos teóricos, assim como algumas decisões para o andamento da pesquisa implicam trocas de saberes e criação no/com o grupo de pesquisa.

3) A **participante**, em que se vê obrigado a dar "saltos" na relação de confiança com relação à pesquisa qualitativa tradicional porque nela o pesquisador-educador confia em si mesmo, mas também no outro. Este é alguém em quem o pesquisador acredita que está em condições iguais ou próximas dele para produzir conhecimento.

Para Brandão (2014), a diferença da neutralidade positivista presente nas pesquisas tradicionais e a interatividade antropológica é a de que o pesquisador se transporta da confiança no método e nos instrumentos de pesquisa, à confiança em si mesmo como instrumento humanizado da própria pesquisa. Porém, na pesquisa participante "[...] eu, que antes confiava em mim diante do outro, confio no outro diante de mim. [...] antes de uma investigação do social servir a mim ou ao mundo acadêmico de minha origem e destino, ela serve ao **sujeito-outro** e ao mundo de vida desde que ele se dispõe a me aceitar como parceiro de uma pesquisa-participante" (grifo nosso, 2014, p. 45).

No entanto, segundo o autor (2003, p. 105),

> *[...] podemos pensar que o sentido de valor de uma investigação não está somente no envolvimento social de seus realizadores, mas no sentido de serviço e proveito dado ao processo do trabalho e seus produtos. A forma de investigação ser participante está no "quem", "como", "por quê", "para quê" participa dela. Outra forma está na resposta de como uma pesquisa participa da vida e das possibilidades de transformação social da vida dos que dela participam como investigados ou como pesquisados-pesquisadores.*

Com a participação do intelectual comprometido de alguma forma e com alguma intensidade com as causas populares é que o conhecimento científico e o popular articulam-se criticamente em um conhecimento novo e transformador (Brandão, 2006). Em síntese, esse diálogo entre a pesquisa solitária, a pesquisa solidária e a pesquisa participante produz, na experiência desse autor, uma fértil caracterização de sua práxis investigativa e educativa: não se pode considerá-lo um educador popular ou cientista das ciências sociais de "modelo único" (Brandão, 2014).

As dimensões ou combinações entre a antropologia e a educação, como marcas desse educador-investigador/investigador-educador, podem ser encontradas em diferentes lugares da educação, escolarizada ou não. De igual modo, podem ser encontradas no âmbito de políticas (públicas) que extrapolam os espaços tidos como próprios para o desenvolvimento da educação e da pesquisa. Exemplo da primeira é a realização de diagnósticos participativos envolvendo a comunidade escolar em uma prática de pesquisa, geralmente como parte de práticas de gestões participativas da escola, em que se busca identificar a organização social e política da comunidade, os problemas e demandas da mesma dialogando com a realidade do seu entorno.

Brandão (2014) costuma afirmar, a partir de sua experiência como antropólogo, que não têm sido raras as iniciativas de pesquisas participativas como um instrumento crítico no levantamento de dados conjunturais que implicam, apenas, a constatação de problemas a serem enfrentados. Para ele, a pesquisa participante, em seu sentido mais preciso, acontece quando a pesquisa e seus sujeitos, incluindo o pesquisador, estão integrados em demandas de ações sociais de algum movimento social de vocação popular; ou seja, antes de ser uma pesquisa dele, pesquisador, é uma pesquisa da qual ele é também participante.

1.4. Oscar Jara e a 'sistematização de experiências para a transformação'

Por fim, Oscar Jara apresenta-nos a sistematização de experiências como uma das vertentes, cujo objetivo não é apenas ordenar, classificar e organizar informações, mas, a partir de experiências concretas, compreender profundamente uma determinada prática para melhorá-la e transformá-la. Além disso, propõe-se a compartilhar os ensinamentos com experiências semelhantes. Para Jara (2006), a sistematização de experiência propicia, também, a reflexão teórica a partir dos conhecimentos que surgem dessas práticas.

Essa vertente desafia a enfrentar criativamente a dicotomia teoria-prática. Seu desenvolvimento implica a produção de um novo conhecimento, assim como "objetivar" o que se tem vivido (Jara, 2006, p. 235). Além disso, essa sistematização se constitui hoje em um campo de experimentação, no qual se verifica mais fortemente o protagonismo de grupos populares e a confluência do trabalho de "especialistas" e "leigos" que se propõem a compreender as constatações, de superfície e profundidade, das experiências. Verifica-se, então, que essa vertente compartilha com as demais a compreensão de que se trata de um momento de trabalho de educação popular.

De acordo com o autor, (2012) a sistematização de experiências é uma proposta enraizada na história latino-americana como produto de um esforço de construção de marcos teóricos para a interpretação da realidade particular de nosso continente. De modo geral, preocupa-se em recuperar e refletir as experiências como fontes do conhecimento sobre o social para transformar a realidade. Em outros termos, busca passar de uma prática social espontânea para uma práxis científica que enriqueça o conhecimento e a ação transformadora a partir da experiência vivenciada e refletida.

Portanto, vem ao encontro da investigação ação-participativa na medida em que busca um "novo paradigma epistemológico", no qual o conhecimento científico, produzido a partir da participação plena das pessoas dos setores ou movimentos populares na análise da própria realidade, não apenas recupera o acontecimento único, mas também o reconstrói historicamente para interpretá-lo e, também, transformá-lo.

Outra de suas características fundamentais se encontra na centralidade do protagonismo dos sujeitos das experiências na sistematização. Nesse processo, as interpretações, as análises, as aspirações, entre outras variáveis, são compartilhadas, debatidas e confrontadas. A sistematização das experiências possibilita, também, identificar as tensões entre os projetos e os processos que se constituíram nas experiências dos participantes e, sendo ela um processo com dimensões educativas, implica aprendizagens provenientes das reflexões críticas. No entanto, "se uma sistematização conclui simplesmente com afirmações que confirmam o que já se sabia ou repete generalizações que são conhecidas e não descobre algum fator de interpretação próprio do inédito de cada experiência, quer dizer que algo não se fez com a profundidade devida" (Jara, 2012, p. 96, tradução nossa).

Além disso, o autor acrescenta que, por meio da sistematização, é possível documentar as experiências e elaborar materiais ou produtos de comunicação úteis para as organizações, impulsionando processos de acumulação de seu "quefazer", ou seja, de reforçar a reflexão sobre a prática incutindo um componente de pensamento crítico e intencionado. A sistematização de experiências, portanto, constrói pensamentos contextualizados e ideias próprias e possibilita "ter olhares originais e a desenvolver sensibilidades diversas ante ao que é feito a cada dia" (Jara, 2012, p. 98, tradução nossa).

Entre as condições para sistematização, o autor apresenta dois exemplos: as pessoais e as institucionais. Na primeira, é necessário o interesse e a disposição para aprender; a sensibilidade de deixar falar, por si mesma, a experiência; além de ter habilidade para fazer análises e sínteses. Mas, onde aprendemos essas condições?

Ainda segundo Jara (2006, p. 238),

> *Muitas vezes nossos sistemas educativos não nos ensinam a desenvolver nossa capacidade de teorização, nossa capacidade de percepção, nossa capacidade de análises nem nossa capacidade de sínteses; então somos mais narradores ou repetidores. Podemos contar experiências, porém, na hora de tratar de explicar quais eram os fatores mais importantes ou mais decisivos, ou na hora de compreender como se relaciona isso ou aquilo, não somos capazes de fazê-lo.*

O autor também sugere que precisamos nos formar para desenvolver nossas capacidades de produção teórica. Está aí, portanto, outra potencialidade da sistematização de experiências: sua força educativa. Sobre as condições institucionais, apresenta como fundamental a sua realização nos marcos de espaços ou lugares coletivos. Para isso, a sistematização de experiências deve ser uma prioridade, buscando coerência no trabalho de equipe que, por fim, tenha capacidade de desenvolver um processo cumulativo nas instituições e organizações. Mas, quem sistematiza as experiências? Sistematizam-se todas as experiências? Somente ao final de cada experiência?

A seguir, Jara (2006, p. 240-1) esclarece esses questionamentos.

> *Temos que fomentar participativamente que os sujeitos da experiência – alunos, alunas, instrutores, promotores, promotoras, educadores, educadoras, supervisores, supervisoras – isto é, todos nós, a partir do lugar que ocupamos na instituição ou na prática educativa, podemos elaborar a sistematização. [...] tem de ter certo trajeto, tem de ter percorrido certo caminho, certo processo para poder sistematizá-la. [...] Ir construindo, conjuntamente com o desenvolvimento da experiência, instrumentos de registro que permitem ir recuperando o que ocorre enquanto ocorre, para poder, então, contar com a informação necessária para os momentos e os processos de sistematização, momentos privilegiados para a sistematização.*

Para Jara, existe uma "triangulação", que possui um objetivo geral em comum que é o de conhecer a realidade para transformá-la, entre a sistematização de experiências, a pesquisa social e a avaliação. Também destaca que não substituem umas às outras, assim como não podem ser prescindidas no processo de educação, de organização e de participação popular, ou seja, elas se retroalimentam para avançar em teoria e prática no processo de produção do conhecimento. "Cada uma constitui uma maneira particular de aproximar-se do conhecimento da realidade e cada uma é insubstituível" (Jara, 2014).

De modo geral, a avaliação está mais relacionada ao projeto de pesquisa e seu cumprimento e a sistematização de experiências ao processo, a trajetória e a dinâmica da investigação realizada. Isso significa que se avalia o processo e se sistematiza a experiência vivida e refletida. A análise, a mediação e a atribuição de valor também são processos de aprendizagens que não se reduzem aos dados quantitativos. Nesse sentido, a avaliação está comprometida com a identificação de aspectos qualitativos presentes nos resultados das experiências das pesquisas sociais, enquanto a sistematização está preocupada em recuperar as práticas e os saberes gerados, reconhecendo as visões dos sujeitos, sem emitir um juízo valorativo.

A avaliação é parte do processo educativo e deve, também, ser útil para os sujeitos que participaram da experiência, portanto não deve ser considerada uma tarefa que cumpra "formalidades" ou de identificação das relações "custo-benefício", "resultados previstos-resultados obtidos" ou entre "tarefas cumpridas-tarefas não cumpridas" (Jara, 2014).

Assim como a sistematização de experiências, a avaliação deve contribuir para melhorar as práticas de investigação.

Em Paulo Freire, Orlando Fals Borda, Carlos Rodrigues Brandão e Oscar Jara Holliday, há um encontro e algumas combinações entre as perspectivas pedagógicas, sociológicas e antropológicas do conhecimento. Consideramos que esse encontro ocorre a partir de uma compreensão crítica sobre a realidade estudada (reflexão) e o engajamento sociopolítico (ação) dos sujeitos implicados. Além disto, combinam-se, como: trabalho educacional, investigação social e ação emancipadora. Sendo assim, a educação popular e a pesquisa participante não se restringem a algum nível de participação dos pesquisadores/docentes no meio investigado/ estudado, bem como dos sujeitos pesquisandos/ educandos. Também é capaz de produzir conhecimento politicamente engajado, com rigorosidade metódica e com compromisso com as mudanças concretas.

2. Princípios e convergências metodológicas da pesquisa-educação

Vimos até aqui como alguns educadores e pesquisadores, cujo trabalho é referência na área da educação popular e da pesquisa participativa, conceberam a sua prática. Nenhuma dessas práticas pode ser transplantada para outros lugares e outras experiências, mas elas podem servir como espécie de balizas para orientar o trabalho como educadores que veem o trabalho pedagógico se estendendo para a investigação ou pesquisadores que abarcam, em sua prática, a dimensão educativa. Na tentativa de ajudar a aproximar o que expusemos com a práxis dos autores, apresentamos alguns princípios e convergências metodológicas que, embora não sejam ferramentas para serem diretamente aplicadas, podem inspirar a recriação de práticas.

2.1. A igualdade como um desafio (também) epistemológico

Em ambas as posições, de pesquisadores-educadores ou de educadores-pesquisadores, parte-se da ideia de que se detém uma parte do conhecimento. Isso implica a tomada de atitude consciente de que a sua percepção é distinta da percepção dos sujeitos-pesquisandos ou dos sujeitos-educandos, também detentores de conhecimentos. Porém, tais conhecimentos são parciais e complementares. Nesse sentido, a relação de complementaridade indica que cabe ao pesquisador-educador ou ao educador-pesquisador a tarefa da leitura crítica sobre o contexto pesquisado/estudado. Em ambas as posições, assumem-se atitudes ativas no processo de investigação: se constata, se intervém, mas fundamentalmente educa e se educa. Como não há neutralidade, desde essa perspectiva, o pesquisador-educador e o educador-pesquisador assumem o compromisso com os interesses do coletivo em estudo. A relação de participação da prática científica no trabalho político das classes populares desafia o pesquisador a ver e compreender tais classes, seus sujeitos e seus mundos. Tanto com base em suas pessoas, quanto a partir de um trabalho social e político delas que, constituindo a razão da prática, também constitui razão da pesquisa (Brandão, 1999).

2.2. A contextualidade e historicidade do conhecimento

É recorrente a resposta afirmativa, por parte dos educadores e dos pesquisadores, de que conhecem a realidade pesquisada, estudada e na qual se intervém. Mas também é recorrente, se dada uma continuidade de indagações sobre essa determinada realidade, a identificação do que se conhece sobre ela: encontra-se no nível da constatação. A profundidade, o desvelamento de uma realidade poderá encontrar na contextualidade e na historicidade apoios importantes uma vez que conhecer a dinâmica dos fatos sociais significa compreendê-los como parte de uma totalidade. Ler a realidade ou ler o mundo implica, portanto, compreender o lugar que cada um ocupa no contexto em que se encontra e no momento histórico em que se (re)produz. De acordo com Freire (1996a, p. 48), "o homem (*sic*) não pode participar ativamente da história, na sociedade, na transformação da realidade se não for ajudado a tomar consciência da realidade e da sua própria capacidade de transformar". A realidade não pode ser transformada enquanto os educandos e as educandas não se descobrem também seres de mudança e de transformação, ou seja, não se percebam sujeitos.

O contexto e a história não se limitam a simples constatações de problemas ou de heranças do passado, assim como a leitura da realidade que está sendo não está encerrada em esforços intelectuais individuais que possam ser simplesmente transmitidos para outras pessoas. Nos processos educativos libertadores e nas práticas de pesquisas participativas, a leitura do mundo é, sobretudo, coletiva e feita com aqueles e aquelas que a vivenciam. "O desvelamento da realidade implica a participação daqueles (*sic*) que dela fazem parte, de suas interpretações em relação ao que vivem" (Gadotti, 2010, p. 345).

A educação popular e a pesquisa participante problematizam tempos e espaços, potencializando tanto educandos e educandas, quanto pesquisadores e pesquisadoras, em sua condição de ser mais. De modo geral, identifica-se uma relação dialética entre a historicidade e a contextualidade uma vez que é "tão fundamental conhecer o conhecimento existente quanto saber que estamos abertos e aptos à produção do conhecimento ainda não existente" (Freire, 1996a, p. 84).

2.3. Participação e o diálogo como ideia-força da metodologia

A pesquisa participante possibilita a construção permanente de metodologias que favorecem a apropriação coletiva do saber e a produção coletiva de conhecimentos com vistas à transformação da realidade que está sendo e a formação de sujeitos críticos. Para isso, são imprescindíveis duas condições básicas: a participação e o diálogo. Isso inclui a explicitação de como se entende o problema a ser investigado, o enfoque com o qual será abordado dentro de um horizonte interpretativo de caráter qualitativo capaz de compreender as especificidades das experiências na relação com os contextos, as estruturas sociais e as políticas mais abrangentes (Adams; Moretti; 2011). Em outras palavras, as propostas de pesquisa participativa buscam ir além de uma simples devolução de resultados para o grupo ou para a comunidade, mas desafiam a um envolvimento em todo o processo investigativo, desde a identificação do problema até a publicação dos resultados e o controle coletivo das ações decorrentes da investigação.

Na realidade, tanto pesquisadores quanto educadores sabem que uma participação democrática e uma relação dialógica dependem de uma série de condições. Há de se levar em conta as condições pessoais, que envolvem desde prioridades e necessidades diferentes, conflitos interpessoais ou questões práticas como tempo para participar. Também há condições institucionais, entre as quais temos a diversidade de agendas, por exemplo, da escola e do grupo de pesquisa ou de um órgão público e uma família; o medo de abertura para mudanças que possam significar ameaça para o *status quo* da instituição ou dos líderes. Podemos ainda ver em jogo condições conjunturais mais amplas, quando a participação e o diálogo são vistos como instrumentos para cooptar as pessoas a se tornarem mais eficientes dentro de estruturas promotoras de opressão e injustiça.

No entanto, essas condições apenas reforçam a importância de conceber a participação e o diálogo como princípios da prática investigativo-educativa. Como princípios, ambos não se esgotam em determinado projeto, mas são meios de aperfeiçoar e reinventar as práticas. Por exemplo, se a violência é um problema na escola e na comunidade, por que não organizar uma equipe que envolve especialistas, jovens, professores, pais e autoridades para conhecer o que acontece enquanto se tomam ações para que todos se sintam mais seguros? Compreender o que se entende por violência, o que causa a violência e o que ela provoca na escola ou comunidade. O resultado talvez não seja um artigo acadêmico, mas uma reportagem no jornal da cidade relatando o processo de estudo e as ações educativas decorrentes.

2.4. A diversidade de mediações e de instrumentos de pesquisa

Uma das lições que podemos aprender das quatro práticas relatadas neste capítulo é que se pode lançar mão de muitas técnicas de pesquisa que encontramos nos manuais, mas também se podem criar novas formas de reunir informações e de fazer a interpretação. Na prática de Paulo Freire, por exemplo, o círculo de cultura era tanto um espaço de investigação quanto de educação. Na roda, o educador era também educando, e o educando era também educador, cada um contribuindo com conhecimentos de sua vivência. Da mesma forma, na pesquisa não temos um pesquisador e um grupo que é pesquisado, mas sujeitos que se propõem a conhecer e mudar uma situação que os desafia e é posta entre eles como problema.

Brandão (1982, p. 89) faz da escuta das expressões da cultura popular um ponto forte de sua pesquisa. O que o povo do lugar canta? O que e para quem reza? Quem são os mestres na comunidade? Como e o que as crianças aprendem com os adultos? Há vezes em que as notas do diário se transformam, elas mesmas, em poesia. Como quando se maravilha e espanta diante do sertão:

> *Aqui é o lugar avulso que ainda não foi feito por isso alguma coisa sempre continua acontecendo. Mesmo quando é meio-dia o sol é quente e incendeia almas do mundo e das gentes. Mesmo quando é mais tarde o dia e a vida parece parada no ar. Aqui é o canto esconso da esquina do estranho. Um rumo que não foi trilhado ainda e onde tudo o que veio existir de vivo – o corpo da terra, o mato, os bichos e pessoas – existe devagar.*

Ao trazer esse trecho, queremos enfatizar que investigar é um ato criativo. Mesmo que poucas notas de pesquisa se tornem poesia, algo está sendo criado e na medida em que mais pessoas se envolvem, mas possibilidades de criação são propiciadas. A pesquisa passa a ser vista como uma das formas de pronunciar, de criar o mundo.

2.5. A intencionalidade política do ato do conhecimento

As formas hegemônicas de pesquisar se dão por meio de técnicas que controlam o conhecimento sob a pretensa ideia de neutralidade. Esse controle pela ideia de neutralidade epistêmica, no fundo, implica a manipulação das classes populares por parte daquelas que detêm o poder de mando e que reconhecem alguns conhecimentos como científicos (portanto válidos e autorizados), na sociedade em que vivemos. Essa compreensão de pesquisa nega, para isso, as suas vinculações ideológicas (Demo, 2008). No entanto, a educação popular e a pesquisa-participante surgem como um novo paradigma ou, ainda, como forças transformadoras que emergem da experiência dos oprimidos com perspectiva de construção de outra sociedade.

Um dos princípios consensuais da pesquisa participante na tradição latino-americana, de acordo com Brandão (2006, p. 24) é a ideia de que a ciência nunca é neutra e nem objetiva, sobretudo quando ela mesma pretende ser. A consequência desses princípios é de que a confiabilidade da ciência não está tanto no rigor positivo de seu pensamento, mas na contribuição de sua prática na procura coletiva do conhecimento que torne o homem e a mulher mais instruídos e sábios, mas igualmente justos, livres, críticos, criativos, participativos, corresponsáveis e solidários.

Capítulo VI

A formação do educador popular

A formação do educador popular

Este capítulo propõe reflexões sobre a formação do educador e educadora popular. Via de regra, toda e qualquer formação situa-se em determinado tempo, espaço e saber. Quando abordamos a formação desses sujeitos, pressupomos a ideia de uma formação permanente, própria da condição de sermos humanos, ou seja, uma formação ancorada no princípio da incompletude, devendo comportar saberes acadêmicos e saberes da experiência do ser educador e educadora popular, na relação com os demais seres da sua convivência. Nesse processo de se tornar ou de se formar, não há senão oportunidades de constituir-se como sujeito. Assim, abordaremos saberes que se fazem relevantes na prática educativa do educador e da educadora.

Argumentamos que o saber e o conhecimento, que se constituem por meio da própria prática da educação popular concretizados em processos de reflexão-ação, tornam-se elementos formativos fundamentais. A reflexão sobre o processo educativo e seu quefazer, entendidos aqui como uma forma de conceber o mundo e de inventar caminhos para a organização da sociedade, constituem o modo de reconhecimento e compreensão do pedagógico na educação popular.

Capítulo VI – A formação do educador popular

Os princípios metodológicos que orientam as ações do educador e educadora popular radicalizam a participação dos sujeitos, perseguindo a noção de responsabilidade para a construção permanente da democracia. Levadas a sério, as metodologias pautadas nessa lógica contribuem para uma formação ético-política que pressupõe como necessária a liberdade, a equidade e a solidariedade, na construção da justiça social. Essas metodologias que consideram a participação de todos os sujeitos envolvidos devem, necessariamente, assegurar o diálogo como princípio da formação, na luta pelo impedimento de que qualquer forma de autoritarismo se estabeleça.

Pautados em princípios da educação popular, como autonomia, reflexão sobre a prática, mudança social, entre outras, buscamos o entendimento, desenvolvido aqui, por meio de eixos de reflexão que vislumbram aportes importantes para a compreensão do processo formativo de educadores e educadoras populares.

1. Quem forma e onde se forma o educador popular?

Compreender que o lócus da formação ultrapassa as fronteiras de qualquer forma que venha a se configurar como espaço específico para que ela aconteça é o primeiro passo para reconhecermos a pluralidade das agências de formação e também dos sujeitos formadores. São esses os lugares que legitimam a formação, mas os educadores e educadoras a complementam na relação com os seus educandos e educandas, podendo tornar-se mais educador ou educadora, na convivência com os seres dos respectivos ciclos de vida: crianças, adolescentes, jovens, adultos e idosos, pois se compreende a educação como processo necessário para toda a vida.

A *priori*, a formação é permanente, e o educador ou educadora, acima de tudo, forma-se desde o seu lugar de atuação, de militância. A formação humana, conforme expressada por Arroyo (2003, p. 31), é "inseparável da produção humana mais básica da existência, do trabalho, das lutas por condições materiais de moradia, saúde, terra, transporte, por tempos e espaços de cuidado, de alimentação, de segurança". Assim, o cotidiano da prática pedagógica dos educadores e educadoras é repleto de momentos em que se aprende e se ensina, explicitados pelo compromisso com uma prática democrática com seus educandos e educandas que recria novas possibilidades de formação.

Nessa perspectiva, reconhecemos o desafio da universidade diante da formação pedagógica do educador e da educadora popular, pois comumente apresenta-se com um currículo voltado para uma educação com foco nas ações escolarizadas. Para aqueles educadores e educadoras que integram os movimentos sociais ou outras ações de caráter semelhante, esta formação, em uma perspectiva escolar, parece se opor aos propósitos do cotidiano pedagógico, talvez porque o próprio movimento social seja um sujeito formador. Percebe-se, inclusive, uma resistência desses educadores e educadoras com a formação acadêmica.

Capítulo VI – A formação do educador popular

> Os educadores e as educadoras com os quais dialogamos, neste estudo, integraram um serviço de acolhimento e fortalecimento do Projovem Adolescente, desenvolvido na região metropolitana de Porto Alegre, entre 2009 e 2012.

Entretanto, uma das questões que desejamos pensar aqui é a seguinte: é possível formar um educador ou uma educadora popular? Ou seja, é possível inspirar estudantes de nível superior, os quais não possuem a vivência de algum movimento social, a interessarem-se pela educação popular? A experiência com o grupo de educadores e educadoras trazidos para o diálogo, neste texto, testemunha que é possível aprender os princípios da educação popular. Contudo, é relevante dizer que estes educadores e educadoras (já graduados ou graduandos) inscrevem-se, inicialmente, em ações de trabalho voluntário em serviços da assistência social, da educação ambiental ou com trabalhos vinculados a instituições religiosas. Gradativamente, a partir da participação em processos formativos informais, somada à formação acadêmica (recentemente concluída ou em curso), esses educadores e educadoras vão construindo certo perfil de educador e educadora popular. Outro elemento que caracteriza o grupo são suas histórias de vida, também formativas, semelhantes a dos seus educandos e educandas, com os quais se dizem identificados.

Segundo Arroyo (2003, p. 37),

> *Essas vivências totalizantes revelam à pedagogia o ser humano como totalidade existencial. Revelam e repõem dimensões perdidas na pesquisa, reflexão e ação pedagógica, tão centrada em formar o sujeito parcelado instrumental, competente e hábil nos conhecimentos úteis, fechados. Revelam e repõem a educação como formação de sujeitos totais, sociais, culturais, históricos. Recuperar essa concepção mais alargada de educação como formação e*

humanização plena pode ser uma das contribuições mais relevantes da pedagogia dos movimentos para a educação formal e não formal.

Nessa perspectiva mais ampla de educação, o ato de formar educadores e educadoras populares significa transformar universidades, práticas pedagógicas e pessoas. É tornar as agências de formação mais democráticas, flexibilizando e reinventando currículos para que, de um lado, os estudantes universitários possam fazer escolhas pela educação popular e, por outro, educadores populares integrados a movimentos sociais possam escolher uma formação acadêmica. Contudo, sublinhamos que a formação de educadores e educadoras populares alimenta-se do movimento de sua práxis, possuindo caráter permanente, para toda a vida.

2. Compreender-se no binômio educador-educando

Um educador ou educadora popular, reconhecendo-se como inacabado, acredita que a sua ação educadora ou educativa tem o movimento próprio da lógica da vida. Citando Brandão (2013, p. 7), "para aprender, para ensinar, para aprender-e--ensinar, para saber, para fazer, para ser ou para conviver, todos os dias mistura-se a vida com a educação". Há um deslocamento próprio ora do lugar de quem educa, ora do lugar de quem é educado na comunhão com os seus educandos e educandas. Acredita-se também que ninguém começa a se educar quando chega a determinado espaço educacional, aceitando os saberes do outro.

Propomos aqui o respeito e o amor como conceitos centrais para a convivência humana, reconhecendo que educar nessa perspectiva é também desenvolver a aceitação e o respeito de si mesmo, que leva à aceitação e ao respeito pelo outro. Aliás, o reconhecimento da incompletude humana é também o reconhecimento e aceitação de que o outro tem muito para aprender, mas também para ensinar. Na reflexão sobre o tema do respeito pelo outro, uma educadora reconhece que essa é uma das tarefas mais desafiadoras. Com as próprias palavras, ela explica: "Tudo bem, eu respeito, que é o que eu acho mais difícil pra gente, que é conseguir respeitar o outro, de respeitar o espaço do outro, mas não dizer sim pra tudo, de se posicionar e de enfrentar sim".

Esse depoimento remete-nos a pensar em um processo formativo que propicie que se aprenda a reconhecer e respeitar a presença, as ideias, a diversidade da participação dos sujeitos. Mas que, ao mesmo tempo, se comprometa com os processos educativos, responsabilizando-se pela organização dos tempos, dos espaços e dos saberes que deverão ser construídos a partir da condição de cada um. O que o depoimento da educadora nos ensina é que devemos assumir sempre a posição do educador ou educadora, ou seja, aquele que ensina e ao ensinar também aprende – ou ainda, aquele que aprende e ao aprender também ensina.

Outra educadora acredita que sua função é também transmitir, compartilhar com o educando. Porém, sublinha que "a gente" pode e deve ter ideias críticas, que "a gente" deve querer ir mais além, se superar. Por testemunharmos a beleza da prática pedagógica da educadora entre os adolescentes, é provável que a convicção com que usa o termo "transmitir" tem a ver com a sua intencionalidade, com o seu propósito do "anúncio da novidade". Freire (1996a, p. 16) refere que "esses quefazeres se encontram um no corpo do outro [...]. Logo, pesquiso para conhecer o que ainda não conheço e comunicar ou anunciar a novidade. Ou ainda, "a tarefa coerente do educador que pensa certo é, [...] produzir sua compreensão do que vem sendo comunicado". (Freire, 1996, p. 21) Ao usar a expressão "a gente", a educadora se inclui entre seus educandos e educandas, expressando uma posição política, um desejo de superação da condição em que se encontram para ir além, ou seja, para superar as condições de pobreza e de violências, circunstâncias em que se encontram os jovens que integram a sua prática pedagógica.

A relação educador-educando pressupõe ainda, segundo Costa (1997), a capacidade de fazer-se presente. Não se trata de um dom, uma característica pessoal intransferível de certos indivíduos, algo de profundo e incomunicável. Ao contrário, esta dinâmica pode ser aprendida, desde que o educador ou educadora tenha disposição interior, abertura, sensibilidade e compromisso para tanto. Efetivamente, a presença não é alguma coisa que se possa apreender apenas ao nível da exterioridade. É tarefa de alto nível de exigência que requer a implicação inteira do educador e da educadora no ato de educar.

3. (Des)construções coletivas

A dimensão do coletivo necessariamente implica em processos de participação, sendo um elemento fundante da ação do educador e educadora popular, inclusive o da produção do conhecimento que também se dá de forma coletiva. Podemos dizer então que um processo de formação ou autoformação ou ainda autoformação recíproca deve se ocupar de educar o educador e a educadora para a participação. Um educador, ciente de que um processo de formação implica em estar aberto para alterar conceitos, por vezes nunca questionados, sugere que precisamos estar pré-dispostos à mudança para alterar aquilo que a gente tem "como algo certo".

A partir da *Pedagogia do oprimido*, Freire anunciou as bases da participação do ser humano nos processos educativos. O educador ou educadora deve provocar no outro e em si mesmo uma postura participante e *sentipensante*. Como sujeito responsável pelos processos educativos propostos, pressupõe-se escuta sensível e ações compartilhadas, capazes de influenciar seus modos de viver, pensar, sentir e agir na vida do grupo e da comunidade. Isso sugere a criação de um ambiente com amplas possibilidades de acolher diferentes pontos de vista, em que os participantes sejam instigados a deslocar-se do campo pessoal para o político e do local para o histórico. Com um ambiente acolhedor e dialógico, criam-se os espaços imprescindíveis para as trocas de ideias entre os participantes.

Segundo as palavras de um educador popular, "é a questão de não ter muito certo e errado e sim de ter um caminho, se traçar um caminho, se seguir por ele procurando aprender com todos antes de ensinar". Talvez uma das ações mais importantes do educador e da educadora seja o de desconstruir ou construir com seus educandos outras possibilidades de que outros mundos são possíveis, a começar pelo desafio de superar as conceituações rotuladoras dos seus educandos, pois essas os desqualificam, invisibilizando a potência de cada um, de cada singularidade e, consequentemente, do potencial coletivo.

Após a leitura de um trecho da obra *Pedagogia da autonomia* (1996b), um educador se manifestou, dizendo o seguinte: "Aprendi que o educador tanto pode potencializar o adolescente (referindo-se a seus educandos) como pode desmotivar ele e todas as suas ações". Acreditamos que, para a construção de ações coletivas, faz-se urgente *empoderar* os sujeitos e ensiná-los a cultivar o amor e o respeito por si próprios, mas também *empoderar* o coletivo, confirmando que é ao longo desse processo que os educadores e educadoras populares educam-se com a própria prática, consolidando seus saberes com o aporte da educação popular.

4. Práticas educativas a serviço da autoridade e da liberdade

O autoritarismo é enraizado na lógica da opressão, fortemente marcado na história brasileira por regimes ditatoriais. A partir do legado freiriano (amorosidade, diálogo, companheirismo, generosidade, compromisso, ética, estética...), o educador e a educadora terão as ferramentas teóricas para construir relações de autoridade na perspectiva da horizontalidade, de estar próximo ao outro, rompendo com as concepções verticalistas, tão presentes nos sistemas educacionais.

Aprender com o legado de uma concepção daquilo que acumulamos como pensamento crítico desencadeia um processo de formação que reafirma os princípios da educação popular, em que o educador ou educadora seja capaz, não apenas de romper, mas de propor novos paradigmas que reafirmem o compromisso político com a educação dos direitos humanos e a condição de "ser mais" dos homens e das mulheres do mundo. Nessa direção, educadores e educadoras populares, comprometidos com o processo de mudança social reafirmam esse compromisso em diálogo com outros educadores e educadoras como no relato de uma educadora, a seguir:

> *A questão de a gente conseguir compreender os limites de cada adolescente pra gente conseguir entender que nenhum é igual ao outro, assim como nós profissionais, nenhum somos iguais um ao outro. Cada um de nós tem*

um gosto, um tempero, um sabor diferente, e é esse sabor todo que dá o tempero especial dentro da área da educação, do agir com os nossos jovens. O que a gente não pode é se permitir, de maneira alguma, é ser sem gosto. [...] assim, você tem todo o direito de chegar a uma conclusão, não dá mais para mim, eu vou me retirar, eu vou desistir, e esse é um direito de todos nós a partir do momento que a gente vê que não tem aquele pique, que se não dá pra continuar, se ali dentro eu já não me sinto dando sabor a alguma coisa, é meu direito como ser humano sim, de me retirar, eu tenho esse direito. Agora o direito de ficar fazendo mal, de perder o amor pelos nossos jovens, de perder o amor pela educação, de perder o amor pelo nosso trabalho, esse direito a gente não tem.

A manifestação da educadora demonstra que a construção da autonomia e da responsabilidade ética é uma construção de mão dupla – não ocorre somente a partir do trabalho do educador ou da educadora com seus educandos e educandas, mas também é um processo ao qual o educador ou a educadora está submetido. Segundo Pitano e Ghiggi (2009, p. 80-1), em estudo sobre a produção de Freire, a autonomia é um processo dialético de construção da subjetividade individual, que depende das relações interpessoais desenvolvidas no espaço vivencial. Consiste no amadurecimento dos seres para si, que, como autêntico vir a ser, não ocorre em data marcada (Freire, 1996a, p. 121). Segundo o educador, o respeito devido à autonomia de ser do educando é um dos saberes necessários à prática educativa, dimensão essa inteiramente antropológica, pois não é possível pensá-la sem admitir a inconclusão do ser que se sabe inconcluso.

Analisando relatos de educadores e educadoras populares, percebemos que essa consciência vai se construindo na reflexão sobre a própria prática de maneira natural ou relacional, quando posta em discussão com demais companheiros de jornada: "Se apropriar então do conhecimento é fundamental. Então não adianta eu trazer uma temática pra abordar com meus adolescentes se eu não sei muito bem do que se trata".

Conforme defende Freire (1996b, p. 42) a autoridade pode ser presença perturbadora, isto é, a presença que inibe a busca inquieta do educando, a que nega a possibilidade da curiosidade epistemologicamente humana. Mas essa mesma autoridade pode ser presença auxiliadora, competente e ética capaz de produzir formação autônoma e comprometida com a construção da dignidade humana.

5. A dimensão dos conflitos

Existe uma tendência a confundirmos conflito com violência. Logo, pensar, refletir, falar sobre essas realidades constitui uma primeira maneira de compreendê-las, pois as palavras que utilizamos condicionam fortemente nossas próprias práticas, com sensíveis e importantes repercussões éticas e políticas.

Conflitos são próprios das sociedades humanas. Astrain (2010) argumenta que a conflituosidade é um processo dinâmico de acordos e desacordos, ou ainda, conflitos são constituintes de processos de intercâmbio entre grupos e pessoas de diferentes raízes culturais, próprios de diálogos interculturais. Se tomarmos essa ideia como premissa, estaremos renunciando a uma visão de ser humano capaz de viver com a ausência de conflitos, pois eles caracterizam nossa existência individual e coletiva. Nessa lógica, a dimensão dos conflitos está ligada à diversidade, entendendo que, se há possibilidade de escolha, há possibilidades de conflitos. O fato de o conflito estar ligado à diversidade nos permite percebê-lo não somente como problema, como também como oportunidade de crescimento, meio pelo qual possamos alcançar novos patamares de existência e convivência.

Outra sugestão é a de que o educador e a educadora, nos diversos contextos do fazer pedagógico, se disponha a sustentar diálogos reflexivos na relação com os seus educandos e educandas. Se, por um lado, a educação popular se (des)constrói com a coletividade, por outro, também o faz com as singularidades. A aventura de sermos humanos convoca-nos sempre a recriarmos visões de mundo, compreender o contraditório, andar pelo avesso, andar pelas margens. De acordo com Melucci (2004, p. 49),

> *fora dos objetos concretos, materiais ou simbólicos, que podem estar em jogo em um conflito, o motivo pelo qual nos enfrentamos é sempre a possibilidade de nos reconhecermos e sermos reconhecidos como sujeitos da nossa ação. Entramos em um conflito para afirmar nossa*

identidade, negada por nosso opositor, para nos reapropriar daquilo que nos pertence, porque estamos aptos a reconhecê-lo como nosso. Toda vez que, numa situação de conflito, encontramos a solidariedade dos outros e nos sentimos parte de um grupo, nossa identidade é reforçada e garantida. Não nos sentimos ligados aos outros apenas por ter interesses em comum, mas sim porque essa é a condição para avaliarmos o sentido daquilo que fazemos. Então, graças à solidariedade, que nos liga aos outros, podemos nos afirmar como sujeitos da nossa ação e suportar a ruptura que o conflito insere nas relações sociais. Tornamo-nos, inclusive, aptos a concentrar e focalizar nossos esforços a fim de nos reapropriar daquilo que reconhecemos como nosso.

Nesse sentido, o autor também reconhece que os conflitos não podem ser eliminados, mas negociados e resolvidos, o que significa redefinir os critérios de uma determinada convivência. O conflito rompe a reciprocidade da interação, é um choque por algo que é comum a dois opositores, em que cada um se recusa reconhecer o outro. A partir do exposto, acreditamos que, nesse espaço relacional, o educador e a educadora exploram as possibilidades de crescimento e de atravessamento dos conflitos, imbuídos de princípios como colaboração, solidariedade e diálogo.

Concebendo a noção de conflito no âmbito mais ampliado da sociedade, podemos compreendê-lo como ponte da tríade "poder, conflito, mudança". Sem nos aprofundarmos aqui nesta questão, cabe, no entanto, afirmar que uma visão na qual o conflito é parte integrante da dinâmica social é diferente de uma visão segundo a qual o conflito constitui apenas um desequilíbrio temporário, em um funcionamento ordenado e preestabelecido do conjunto da sociedade.

As representações de conflito apresentadas até então podem nos auxiliar no entendimento da noção de violência, compreendida aqui como diferente do conflito. Para Cappi (2009, p. 29), "a violência representa uma maneira específica de lidar com um conflito. Uma forma em que o 'outro', considerado negativamente e de maneira hostil, precisa ser anulado, excluído e, se for o caso, eliminado". Daí a diferença entre a noção de conflito e a noção de violência. Enquanto o conflito representa um elemento inerente, integrante da condição humana, a violência constitui uma opção singular de gestão, de resolução de um determinado conflito.

Costa (1990b, p. 57), ao abordar o mito da não conflitividade na relação educador/educando, afirma que essa visão é profundamente irrealista. Diz que os elementos conflitivos da relação constituem uma dimensão necessária e salutar do processo. Não assumir a dimensão da conflitividade é, então, posicionar-se de forma ingênua ou astuta e isso pode excluir e discriminar os educandos e educandas que estejam em situações pessoais e sociais graves e que não se prestam ao "faz de conta" do jogo da harmonia.

Para Costa (1990a, p. 23), "educar é sempre uma aposta no outro", chamando nossa atenção para o ceticismo daqueles que querem "ver para crer",

CAPÍTULO VI – A FORMAÇÃO DO EDUCADOR POPULAR

recomendando ao educador e educadora buscar sempre "crer para ver". Nesse sentido, apostar no educando ou na educanda requer algumas atitudes e posturas que ele intitula como básicas por parte do educador e da educadora. São elas:

1) Procurar ver, em primeiro lugar, em cada jovem a quem dirigimos o trabalho, não aquilo que os separa ou os diferencia das demais crianças e jovens de sua idade, mas sim tudo aquilo que têm em comum com os demais;

2) Não perguntar o que o educando não sabe, o que ele não tem, o que ele não traz de sua vida familiar ou comunitária. Ao contrário, procurar descobrir o que o educando é, o que sabe, o que traz consigo, o que ele se mostra capaz de fazer. Só assim evitaremos comparar 'nossos' meninos e meninas com um suposto padrão de normalidade em nossas cabeças, traçando deles um perfil inteiramente negativo;

3) Não permitir que a visão do ladrão, do homicida, do traficante, da prostituta ou do viciado, existente nos prontuários e relatórios, nos impeça de ver o jovem que temos diante de nós;

4) O conhecimento do passado da criança e do adolescente deve ser utilizado pelo educador apenas com uma finalidade: impedi-lo de colocar a exigência antes da compreensão;

5) Ser exigente, pois a exigência é, antes de tudo, um sinal de respeito do educador pelas crianças e adolescentes. Em cada momento, no entanto, devemos fazer a exigência cabível, a exigência possível de ser feita.

6. Saberes instituintes e instituídos na prática do educador popular

O saber fazer é uma premissa importante no horizonte daqueles que se aventuram a trilhar os caminhos da educação popular. "O que justifica a educação popular é o fato de que o povo, no processo de luta pela transformação popular, social, precisa elaborar o seu próprio saber" (Brandão, 2009, p. 30). Nesse sentido, educadores e educadoras populares são desafiados de forma permanente, em um processo de reflexão sobre a sua própria prática, a construir saberes e metodologias consistentes com o contexto social no qual estão inseridos, conforme o relato:

> *um pressuposto bem básico [...] é saber as realidades deles (dos educandos). E a partir da realidade deles estar buscando no nosso trabalho contextualizar, fazer a imersão, a inclusão dos dois, a realidade deles com a teoria [...] Eu acredito na troca, eu acredito. É lógico, respeitando a realidade deles e a partir dela a gente vai buscar coisas para melhorar, vai buscar a didática.*

Parece-nos pertinente, ao refletirmos com educadores e educadoras populares as suas práticas que, como constituição de metodologias de ação, busquem, na reflexão da própria prática, respostas para uma ação inovadora.

> *Toda a prática deve provocar uma curiosidade para que, a partir dela, a gente busque novas teorias com novos estudiosos e novos estudos. Porque na relação entre teoria e prática eu vou provocando a curiosidade em conhecer e buscar novos conhecimentos.*

Como possibilidade de uma imersão dinâmica de valorização desse processo, em que os saberes refletidos podem consolidar-se como respostas, propomos a sistematização como metodologia processual de produção de conhecimentos cultural e socialmente situados a partir de experiências. A ideia de sistematização já foi abordada no capítulo anterior do presente livro.

Outro elemento instituinte de saberes necessários à prática pedagógica tem a ver com a mística, como um despertar de outros sentidos. A mística possui um papel coletivo e individual fundamental para fomentar as lutas de massa, comemorando e celebrando não somente as alegrias, derrotas e vitórias, mas também para animar, para revigorar novas e outras lutas, com intuito de unir, fortalecer e dar consistência ideológica ao trabalho cotidiano.

Mística é o meio para formar, em todos e em cada um, a capacidade de resistência e/ou a rebeldia, mesmo por longo período, se necessário, sem marcar datas no calendário, lembrando sempre que as revoluções não se fizeram e nem se fazem apenas com discursos e em hora marcada. A revolução só acontece quando as coisas extraordinárias se tornam cotidianas; e isso só se faz no embate das ideias e das ações. Como bem coloca Freire (1996a, p. 47), [...] "não é na resignação, mas na rebeldia em face das injustiças que nos afirmamos". Essa forma simbólica da mística é vivenciada em diferentes momentos e oportunidades, com a preocupação de fazer parte da memória coletiva dos militantes, que busca contextualizar permanentemente os significados para continuar a luta.

Aliás, o caráter do "ser militante" relaciona-se com aquele educador ou educadora que é capaz de compreender os anseios dos seus educandos e educandas, colaborando para estruturar uma visão de mundo coerente. Trata-se de um educador ou educadora que se comprometa com uma mudança de caráter estrutural, que compreenda a contradição existente nas relações humanas, nas relações de poder. Ele não aparta a sua vida do seu ofício de ser educador ou educadora, pois é testemunho rigoroso de luta, de militância política, assumindo a intencionalidade da educação popular. Mas qual seria essa intencionalidade? Uma vida digna e justa para todos? Para tal, o caráter da formação deve ser político, (de)formando o educador ou educadora para desenvolver em si e nos seus educandos e educandas a capacidade de educar a indignação e a esperança diante das injustiças estabelecidas. Trata-se de trabalhar na perspectiva de uma educação libertadora ou problematizadora, em contraponto ao "modelo bancário".

Por fim, compreendemos que, por se fazer na cultura de sujeitos históricos, a educação requer aprendizagens que devem ser ensinadas, aprendidas e desenvolvidas todos os dias. Esta é uma tarefa de toda a vida e da vida de todos.

7. Considerações finais

Vimos até aqui que a educação se constitui na práxis. Essa práxis ocorre na indispensável relação entre prática e teoria. É importante destacar que a ordem freiriana é prática e teoria, já que esta deve ser construída e refletida a partir daquela. Freire e Shor (1987) afirmam que a educação do educador é processual, lenta e construída na cotidianidade, no cotidiano tecido na lida da práxis do educador.

Reafirmamos que o saber e o conhecimento que se constituem por meio da própria prática da educação popular, concretizados em processos de reflexão--ação, tornam-se elementos formativos fundamentais. Nessa direção, os processos formativos aliados a metodologias participativas podem configurar-se como instrumentos fundamentais de reflexão e construção de visões de mundo, de sociedade e de ser humano em uma dinâmica que oportunize reconhecer o papel do educador e da educadora popular e permita a elaboração de projetos de ação que promovam de fato uma educação emancipatória.

Sobre os processos formativos, destacamos o desafio da universidade, no sentido de reconfigurar sua proposta de formação para encontrar-se com a dinâmica dos educadores e educadoras populares em uma relação recíproca de ensinar e aprender. Reiteramos que formar nesta perspectiva é transformar as universidades, as práticas pedagógicas e os educadores e educadoras, alimentando-se do movimento da práxis, que tem caráter permanente, para toda a vida.

Ainda na ação de formar-se educador ou educadora popular fica evidente a importância da sistematização como processo reflexivo da ação e elaboração de perspectivas formativas. Esta é, sem dúvida, uma boniteza da formação em educação popular: o movimento contínuo de buscar aprender, ensinar, lutar e transformar.

Capítulo VII

Educação popular e educação de jovens e adultos em diálogo

Educação popular e educação de jovens e adultos em diálogo

Desde sua concepção até a sua redação, este livro é fruto de um intenso trabalho de cooperação entre os autores. Pensamos, por isso, que o último capítulo poderia ser escrito em forma de diálogo sobre um tema que representa um ponto de convergência para as reflexões. A Educação de Jovens e Adultos (EJA) não esteve presente, diretamente, nos textos apresentados, porque pretendíamos explorar diversas perspectivas da educação popular, desde a sua história até requisitos para a formação de educadores dentro desta proposta pedagógica e prática educativa. As intervenções que seguem apresentam como cenário o conteúdo dos capítulos e, quando oportuno, introduzem novas perguntas e reflexões. É um convite para que o leitor participe do diálogo, elaborando as suas próprias compreensões sobre a prática educativa.

Não se trata de aplicar alguns conceitos e ideias em forma de recomendações para educadores ou estudiosos do campo da educação. Ao longo do texto, há relatos de práticas e sugestões que podem servir como ferramentas para as práticas na EJA e em outros contextos. Isso, no entanto, é apenas uma parte do que se pode pretender com um livro sobre a educação popular. Tão ou mais importante é ajudar a recriar a prática dentro de um quadro de compreensão mais consistente e abrangente.

Deve-se lembrar que, nesse sentido, a educação popular possui uma extensa e importante tradição de repensar a relação entre a teoria e a prática. A teoria é um exercício de a prática tentar compreender a si mesma, claro, por meio dos sujeitos nela envolvidos. O ponto de partida é sempre a prática e não uma determinada teoria que se tenta aplicar. Possivelmente, um dos problemas de nossa educação reside no fato de buscarmos soluções quase mágicas em teorias que muito cedo são abandonadas, em função de outras que aparecem no horizonte. Adotamos o construtivismo, o multiculturalismo, a pedagogia das competências, o pós-estruturalismo, a dialética, esquecendo uma lição sobre a qual Paulo Freire insistia: que um critério para saber se estou pensando certo é ver se estou pensando a prática. O pensar certo não se refere a uma verdade única e fechada; ao contrário, tem a ver com a disposição de continuar submetendo o pensamento e os conhecimentos a novas dúvidas. Às vezes isso significa simplesmente colocar um ponto de interrogação no lugar de um ponto final. Karine, por que não olhar para desafios que vem de práticas atuais de EJA? (Danilo)

Essa é uma questão muito pertinente, pois a EJA, essa "conquistada" modalidade de educação, vem buscando construir uma identidade própria, procurando preservar seus aspectos históricos e buscando inovações que a distinguem da educação básica em geral. Os desafios mais importantes colocados à efetivação da Educação de Jovens e Adultos mostram-se no que diz respeito à rigidez e homogeneidade da oferta escolar predominante nos diferentes níveis educativos. Por esse motivo, a escola encontra na EJA dificuldades de manutenção de uma proposta pedagógica condizente com o seu público. Os motivos não são poucos: falta de corpo docente especializado, currículo inexpressivo, números elevados de evasão e desistência e a heterogeneidade de seu público. Sem uma definição conceitual sobre a EJA e sem a construção de um campo de formação específica, será difícil ter critérios para o ensino nessa modalidade. Ao mesmo tempo em que se criam leis, pareceres e decretos que vislumbram qualificar a EJA, a prática ainda se apresenta com pouca substância transformadora da realidade. Defendo que construir a especificidade da EJA implica recuperar a sua historicidade desde o campo da educação popular, cujos contornos buscavam valorizar o saber da experiência, a cultura popular e o respeito à identidade do sujeito-educando.

Nesse caso, Marilene, você possui uma experiência importante no campo social, especialmente com o público jovem, acompanhando práticas que se constituíram verdadeiras referências. Que experiências pedagógicas do aspecto social considera interessante destacar e que podem apontar caminhos para a EJA, especialmente nos aspectos da especificidade do seu público e construção de práticas pedagógicas condizentes? (Karine)

Se tomarmos a EJA como uma modalidade do sistema educacional, será possível pensá-la apartada das demais? Talvez seja relevante explorarmos parte das tensões sociais vividas no âmbito do sistema, gerando implicações específicas para a EJA. Uma delas, que destaco para esta reflexão, diz respeito ao sujeito "vulnerável" e à presença do jovem oriundo das classes populares na escola ou, quem sabe, da sua ausência. Aquele que, fragilizado diante do avanço de um quadro social difuso e desagregador, é colocado à margem do sistema escolar, sendo um pouco resultado do ensino formal. No geral, os jovens entre quinze e dezessete anos, com os quais nos encontramos a partir de programas e serviços da assistência social, apresentam, em média, duas ou três reprovações, seguidas de evasão, resultando em uma defasagem escolar em relação à idade e série ou ano de ensino. Porém, o desafio maior é construir com esse jovem a ideia de que a educação possui valor em si, superando ou atravessando a percepção negativa que foi construída em relação à escola.

Talvez devêssemos perceber na EJA o seu caráter democratizante e transformador, entendendo ser sua tarefa desenvolver uma consciência crítica naqueles que estão envolvidos no contexto das suas práticas educativas, sejam estes educandos, educadores ou comunidade escolar. A experiência com os serviços e programas sociais, que permite relacionar-nos diretamente com os jovens, dá elementos para pensar algumas abordagens no sentido de contribuir com uma proposta de formação para e com os profissionais da EJA.

Uma consideração expressa aqui é que a EJA possa se reconfigurar para acolher este universo de jovens que têm buscado acelerar a conclusão dos seus estudos, ou que estejam cumprindo condicionalidades de algum programa social. No segundo caso, em especial, a busca ativa pode se constituir em uma tarefa importante a ser assumida pelos profissionais da EJA. Trata-se de localizar geograficamente o jovem, mobilizando suas vontades individuais para retomar os seus estudos, convidando-o a inserir-se nesta modalidade de ensino. A experiência com este tipo de atividade mobiliza diretamente nossa sensibilidade. De imediato, notamos o estabelecimento de um vínculo afetivo e o compromisso dos profissionais com esse jovem. Os contatos com as realidades familiares dos jovens, no caso da busca ativa, dão conta de explicar, em parte, os motivos da situação do jovem e, consequentemente, compreender as atitudes que possa apresentar na dinâmica das relações pedagógicas. Ou ainda, o fato de esse jovem surpreender os profissionais, apesar da sua situação difícil de vida. Seja em um caso ou noutro, a importância desse saber inicial da realidade vivida pelo jovem é fundamental para o compromisso que assumimos como profissionais na relação com ele. Isso faz que sejamos exigentes com ele, com a possibilidade de que avance nos seus projetos de vida; que possamos dar elementos para que ele construa, inclusive, seus próprios projetos, ou seja, que façamos a ele a exigência cabível, ou como referiu o educador Antônio Carlos Gomes da Costa, a exigência possível de ser feita para aquele momento.

Outra consideração relevante seria o estabelecimento de um programa de formação permanente, com reuniões semanais que organizem momentos de planejamento, estudos de caso e estudo de temas relevantes e condizentes com as práticas pedagógicas da EJA. De novo, a experiência com o programa de formação permanente com os profissionais que integram os serviços e programas da assistência social revela que o caráter da militância política é anunciado, fortalecido e (re)animado com a dinâmica desses encontros. É importante que os profissionais assumam a gestão (ou, no mínimo, a cogestão) desses espaços de formação. O profissional tem que poder dizer a sua palavra, como nos ensinou Paulo Freire, e assim multiplicar essa lógica com os outros sujeitos da sua relação pedagógica.

No entanto, as considerações expressadas anteriormente desafiam não só os modos do fazer pedagógico, mas também a lógica dos tempos e espaços instituídos. Fernanda, como está a EJA em termos de legislação? O que efetivamente há entre o previsto e o realizado? (Marilene)

Participar dessa reflexão sobre a EJA é um momento de alegria, sobretudo porque é uma temática importante e desafiadora. Um dos desafios é pensar criticamente e dialogicamente sobre a seguinte questão: Será que a EJA por estar instituída, no âmbito da legislação brasileira, deixa de dialogar com a educação popular? Ao mesmo tempo, retomo a indagação da companheira Marilene e, como educadora popular (tenho uma trajetória na EJA), pontuo duas afirmações a partir das problematizações anteriores:

a) Historicamente, a luta pelo direito à educação é advinda do povo, mais especificamente dos Movimentos Populares. Sendo assim, a EJA é uma conquista desde a Constituição Federal de 1988.
b) A EJA está diretamente relacionada à classe popular, ou seja, aos excluídos do direito ao acesso à escolarização. Essa "modalidade" da educação (LDB, 1996) é ofertada por iniciativas governamentais, privadas e por ONGs, mas isto não significa que seja ela educação popular. Daí que é importante desvendar o que seria essa "modalidade". Entendo que é um modo de fazer educação diferente da Educação Infantil, por exemplo. Uma forma de fazer educação que respeite, pedagogicamente, socialmente, culturalmente e politicamente as características próprias do estudante da EJA.

Podemos constatar as peculiaridades da EJA na Lei de Diretrizes e Bases da Educação de 1996 (Art. 37), mas isso ainda não é educação popular. Contudo, parece que um dos grandes desafios está na reestruturação curricular dos cursos de formação de educadores, pois não podemos negar que a grande maioria dos cursos de licenciatura não discute essa modalidade, tampouco a história da educação popular no Brasil e na América Latina. Sendo assim, responder a essas questões implica considerar que educação popular na EJA é possível. Contudo, ela deverá estar permeada por ações teórico-práticas emancipatórias e de formação político-pedagógica para a cidadania que busquem a transformação social.

Fui educadora do Mova-RS e Mova-Porto Alegre, e essa foi uma política governamental (instituída) com experiências inovadoras de organização dos(as) trabalhadores(as) estudantes. Nesse caso, o instituído (Estado) tinha um diálogo com o instituinte (associações comunitárias) que possibilitou práticas pedagógicas com potencial libertador. Talvez essa experiência seja uma prática real de reflexão sobre a educação popular em diálogo com o Estado. Agora, o que temos previsto, no âmbito da legislação, é o direito assegurado "àqueles que não tiveram acesso ou continuidade de estudos no ensino fundamental e médio na idade própria". Segundo o Censo Escolar de 2013, ainda há um número significativo de jovens e adultos que não concluíram a Educação Básica. Alguns evadiram e outros nem acessaram a política. Diante disto, me questiono, por quais motivos ainda vivemos essa realidade? Será uma questão político-metodológica? Então, dialogo com você, Sandro, perguntando no âmbito do pensamento crítico, relacionando ao campo conceitual, que elementos da educação popular podem vir a contribuir para o atual contexto da EJA? (Fernanda)

Entendo que a coerência epistemológica é uma exigência fundante de quaisquer ações políticas e pedagógicas na perspectiva da educação popular. A epistemologia, ou teoria do conhecimento, abrangendo o arcabouço conceitual da educação popular, necessita acompanhar, de maneira bastante próxima, a sua metodologia de ação. Sendo a realidade o grande desafio da prática educativa, é preciso que, problematizando-a, seja buscada a visão dos sentidos da escola e da ação docente, sem esquecer as características mais gritantes do nosso contexto: miséria, exploração e desumanização de milhões de pessoas. Geralmente os jovens e adultos da EJA se enquadram em tais características, as quais são, não raro, fatores de expulsão (evasão) da escola. Expulsos em um passado próximo, com grandes possibilidades de o serem, novamente, no presente, as perguntas em torno de "como" (método) e "com quais" princípios (conceitos e bases) proceder nos processos formativos são da mais alta importância.

O retorno às bases conceituais e aos princípios históricos da educação popular, cuja emergência se identifica com a educação de adultos, é tão relevante quanto a adequação crítica às terminologias e correntes contemporâneas. Nas origens (anos de 1940), tendo o analfabetismo como problema imediato, buscava-se promover uma maior participação na vida pública e o desenvolvimento de uma consciência crítica como caminho para a conscientização dos grupos populares. Em termos metodológicos, a convicção de que os processos educativos necessitavam assumir o protagonismo, desde a concepção, desenvolvendo-se "com" e não "para" os sujeitos. O princípio fundante desta articulação foi e, creio, continua sendo o diálogo, em torno do qual é possível dimensionar outros conceitos pertinentes da educação popular diante dos desafios atuais da EJA. Tentarei, brevemente, discorrer sobre essa ideia, pensando, em especial, no contexto das práticas de ensino e aprendizagem na EJA, em resposta à pertinente questão que propuseste.

"Alicerce" do processo educativo popular, o diálogo como característica das relações formativas, em sua autêntica expressão crítica e problematizadora, poderá aprimorar a concepção dos sujeitos sobre seu contexto de vida. A dialogicidade é o resultado permanente do processo de troca recíproca, intersubjetiva, em um movimento de "sair de si" em direção a si mesmo, ao outro e ao mundo, estabelecendo a partilha. A ampliação da capacidade de diálogo do indivíduo com os outros e com o mundo, acompanhada de uma maior captação de sua esfera existencial, abre espaço para a construção da autonomia e da consciência crítica. Dialogando, as pessoas participam e isso impacta as experiências cotidianas da EJA, em que é comum ocorrerem novas "expulsões" motivadas pela passividade e pelo nível de abstração que permeiam os processos formativos com jovens e adultos, na maioria, trabalhadores.

Como projeto político e pedagógico, a educação popular se caracteriza, também, pela vinculação contextual à realidade – negativa – dos sujeitos envolvidos no processo formativo. Partindo do próprio contexto, eles conseguem, mais facilmente, compreender o sentido dos conteúdos propostos, por estarem atrelados às reais condições em que vivem. Ao tomar a própria situação como objeto do conhecimento, os educandos começam a desenvolver, em conjunto, sua conscientização.

É uma problematização constante, cujo objetivo maior é proporcionar às pessoas que construam a própria autonomia. Isso somente pode ocorrer pela interação subjetiva, pois, sozinho, dificilmente alçará voos dessa magnitude. Em consequência, o viés prático, que é a elaboração/reelaboração do mundo, torna-se mais plausível, mais próximo para todos.

A consciência constitui-se, ainda, como atividade individual, mediada pela realidade, que opera uma compreensão do que se passa ao redor. Como um conhecimento dos fatos, complementado pela capacidade reflexiva, a consciência crítica começa a ser alcançada quando a percepção é aprofundada, por meio do afastamento estratégico da realidade e da reflexão dos sujeitos. A relação dialógica é coerente com esse nível de consciência almejado pela educação popular, pois problematiza razões de ser e as desvela no tempo histórico. Ao mostrar a legitimidade de outra maneira de se relacionar com os outros, o diálogo provoca o *tensionamento* das relações de opressão, impulsionando o sujeito a realizar sua vocação de "ser mais". Seja por meio da sua maior participação em processos decisórios, seja mesmo por dizer sua palavra na sala de aula. As pessoas têm o que dizer; muitas vezes, querem dizer e não se sentem capazes, mesmo os adultos participantes da EJA. Por isso, entendo que o diálogo, princípio da educação popular, reunindo tantas dimensões teóricas e práticas do processo de transformação almejado por ela, constitui o conceito de maior vigor diante da EJA.

A coerência epistemológica e metodológica que salientei envolve processos diferenciados de investigação e compreensão da realidade. Mas quais são os principais impactos das concepções investigativas da educação popular na educação de jovens e adultos, em aspectos como formação de educadores e processos de ensino e aprendizagem? Penso que Danilo pode desenvolver com maior propriedade esses questionamentos. (Sandro)

A intervenção de Sandro enfatizou o diálogo como base da proposta pedagógica que estamos construindo neste livro. Antes de falar da investigação como parte do processo educativo na EJA, penso que cabe uma tentativa de ajudar o educador no seu processo de construção teórica. Colocar algumas perguntas simples pode ajudar nessa construção que, mesmo de forma implícita, sempre fazemos em nossas práticas educativas.

A primeira pergunta é "para quê"? Trata-se de elaborar a finalidade ou as finalidades da EJA, que, conforme o nosso diálogo foi revelando, é uma questão bastante complexa porque na EJA se encontram pessoas com interesses e necessidades muito diferentes. Em uma conversa com um grupo de estudantes de EJA, uma mãe dizia que sua volta ao estudo se dava em função de acompanhar a educação de seus filhos. Para outros, era alcançar uma melhor colocação no mercado de trabalho. Na síntese, vimos que, de maneira geral, tratava-se de refazer o elo de uma corrente que, em algum momento, e por motivos diferentes, havia sido rompido. Encontrar os pontos de convergência entre as diferenças é um desafio que só poderá ser enfrentado com o diálogo.

Outra pergunta é "o quê"? A resposta a essa pergunta nos leva ao conteúdo. Embora existam os programas preestabelecidos, a educação popular desafia-nos a conceber a própria realidade como uma espécie de matriz de onde se originam os temas a serem problematizados e estudados. A realidade do emprego, da violência, da poluição, do transporte público são temas que, para serem entendidos, necessitam da convergência de disciplinas como a História, a Geografia e as Ciências da Natureza. Isso nos leva ao "como?", ou seja, à didática da EJA. A educação popular foi e continua sendo um espaço fértil de criação de estratégias e dinâmicas que quebram a rotina da sala de aula convencional. Um exemplo disso são os círculos de cultura criados por Paulo Freire, em que educador-educando e educando-educador se encontravam como parceiros no processo de conhecer. Que metodologias, técnicas e instrumentos são adequados para cada grupo? Um assunto que não pode ficar fora da didática da EJA é o uso de novas tecnologias. Mesmo que as escolas não estejam equipadas com computadores, a maioria dos jovens – também das classes populares – usa o telefone celular para buscar e compartilhar informações. Como utilizar esses instrumentos de forma efetiva para produzir conhecimentos que importam?

Podemos incluir na lista de perguntas o "quem?", o "onde?" e o "quando?". São perguntas sobre os sujeitos com os quais trabalhamos, o contexto da educação e o tempo para aprender. Por exemplo, o tempo da educação de um jovem trabalhador é certamente diferente do tempo de um jovem que pode se dedicar exclusivamente ao estudo. Como, então, fazer este tempo diferente render para que não se ofereça ao jovem trabalhador um ensino de segunda categoria?

As respostas a essas perguntas requerem do educador uma atitude de curiosidade e abertura em sua relação com o conhecimento. Concordo com Paulo Freire quando diz que o educador é um testemunho do ato de conhecer. Com essa afirmação, Freire critica a educação bancária, em que o educador "deposita" pacotes – mesmo que bonitos – na cabeça dos educandos. O testemunho que importa a partir de uma perspectiva emancipatória é de alguém que exercita a curiosidade diante dos fatos e do próprio conhecimento já feito, fazendo novas perguntas e buscando ver o tema sob os novos ângulos. De que maneira, Cheron, você compreende a pesquisa na perspectiva da educação popular? Como pode essa pesquisa contribuir para a prática da EJA? (Danilo)

Já se falou aqui sobre desafios, experiências pedagógicas, relação teoria-prática, entre outros temas, relacionados à EJA. Danilo, ao dialogar especialmente com Sandro, retoma uma dessas problematizações: a importância de pensar a prática. Mas, prática de quem? – ele se pergunta. Desde a perspectiva libertadora da educação, os critérios de validade de uma prática docente ultrapassam, também, metodologias fechadas em disciplinas. Isso porque se propõe, justamente, a incorporar (dar vida e humanidade) conhecimentos prévios daqueles e daquelas que participam do processo educativo em função de seus próprios desejos, necessidades e projetos de vida (individual e coletiva).

Assim como nos processos e metodologias participativas de pesquisa, o educador democrático acredita na não neutralidade do conhecimento e da sua produção. Mais bem potencializa seu caráter político e transformador da realidade, valorizando os saberes, as tradições e culturas dos/das populares. Entendo que existe aí uma aposta importante na potencialidade subversiva dos saberes prévios dos sujeitos educandos. Nesse sentido, não podemos deixar de mencionar as contribuições de Carlos Rodrigues Brandão, tão engajado e comprometido com as experiências de movimentos de alfabetização de adultos, mencionadas por Fernanda. Ela esteve participando como educadora e poderá, em breve, contribuir com nossa reflexão sobre a sua experiência como educadora-pesquisadora. Para Brandão, a pesquisa participante intensifica a relação de confiança entre os sujeitos implicados, relação limitada na pesquisa qualitativa tradicional, porque nela o pesquisador-educador confia, principalmente, em si mesmo. Como vimos, no desenvolvimento do livro, seja na condição de pesquisador-educador ou na de educador-pesquisador, o ponto de partida é o de que sempre detém uma parte do conhecimento, e não todo o conhecimento. O educador-pesquisador toma conscientemente atitudes das percepções ou visões sociais dos sujeitos-pesquisandos ou dos sujeitos-educandos, esses reconhecidos como detentores e produtores de conhecimentos. Portanto, confia-se no outro.

Uma das mais importantes contribuições da perspectiva libertadora da educação está na dialogicidade, no meu entendimento, já mencionada por Sandro. Independentemente do lugar que os sujeitos ocupem nas práticas educativas, todos são ativos no processo (educador e educando). Mas cabe ao educador-pesquisador, porque está preocupado na constatação da realidade, na intervenção sobre ela, fundamentalmente, educar em comunhão. A partir dessa perspectiva, o educador-pesquisador assume um compromisso com os interesses do conjunto de educandos. De modo geral, escutamos "o educador está sempre pesquisando". Nesse sentido, gostaria de saber um pouco mais da Fernanda sobre essa relação, educar-pesquisar, no movimento de alfabetização. Assim, entramos também em aspectos da história da educação de jovens e adultos. (Cheron)

Para mim, o educador e a educadora popular são intelectuais militantes, ativistas sociais e, portanto, pesquisadores críticos. Gostaria de partilhar essa minha concepção com vocês, porque ela me desafia a pensar a relação educar-pesquisar, "na" e "com" a educação popular. No mesmo movimento do pensamento de Freire, já explicitado na *Pedagogia do oprimido*, acredito que realizar uma pesquisa de cunho participativo do universo cultural, social e político dos educandos e educandas é uma das ferramentas pedagógicas que nos permite a construção de relações socioeducativas comprometidas com o processo de libertação dos homens e mulheres. No caso do Mova, para muitos dos educandos trabalhadores, liberdade significava aprender a ler e escrever o seu próprio nome.

Aí está a relação do educador popular no processo educar-pesquisar. Lembro-me de que, em minha trajetória no movimento de alfabetização, eu sempre estudei a educação popular como prática eminentemente política e, dessa forma, era preciso garantir o protagonismo de todos os sujeitos envolvidos no processo educativo. Assim, a pesquisa era o instrumento capaz de possibilitar o diálogo investigativo e problematizador em torno das experiências e interesses do coletivo. Em meu caso (que sempre trabalhei e morei na comunidade), eu já conhecia um pouco da história dos educandos do Mova. Isso facilitava a realização da pesquisa e nós (educandos e educadora) já selecionávamos alguns temas geradores nos primeiros encontros. Essas temáticas eram oriundas da realidade e da necessidade do coletivo e até de algumas experiências individuais, ou seja, o nosso ponto de partida eram as questões sociais. Entendo que fazia um papel de educadora que articulava e organizava o coletivo para aprender a ler e escrever por meio da problematização da nossa história. Esse era um desafio, pois precisava pesquisar e aprender com os educandos. Eu ensinava o "mundo das letras" e aprendia o "mundo da vida" daqueles sujeitos.

As muitas aprendizagens mostraram-me que é possível construir uma educação crítica permeada pelo diálogo problematizador, em que a pesquisa participante tem um papel importante na construção de uma sociedade mais justa. Nesse sentido, o Mova e outros movimentos populares me ensinaram que somente a formação pedagógica associada à política pode organizar os oprimidos para lutarem pela conquista de direitos, por justiça e pela emancipação social e assim recriar a nossa história. Karine pode continuar o nosso diálogo, por meio de sua experiência em sala de aula com a EJA, apontando alguns desafios, sobretudo na escola pública, na promoção de práticas pedagógicas que articulem a pesquisa como instrumento de *empoderamento* dos sujeitos, principalmente no processo formativo crítico e político. (Fernanda)

Acredito que a prática pedagógica depende muito do projeto pedagógico em desenvolvimento, o que possui uma relação muito estreita com o interesse da gestão pública e do corpo docente que se tem. Menciono isso, pois, se é de interesse da gestão, pode-se abrir um contexto favorável a novas práticas pedagógicas, caso contrário a EJA passa a ser apenas mais um "projeto", que ora se expande ora se reduz. Isso tem reflexo direto na prática pedagógica, impactando também em um ponto fundamental para a EJA, que é a formação docente. Tenho acompanhado várias iniciativas na região metropolitana de Porto Alegre e Vale do Rio dos Sinos que mostram que, quando há projetos pedagógicos bem definidos, há um investimento em formação de professores, por exemplo. Isso contribui muito para que a prática pedagógica tenha mais sentido.

Em minha experiência profissional, tanto como educadora quanto como formadora de professores, percebo que existem lacunas, consideradas históricas, na formação docente para a educação de jovens e adultos. Uma vez institucionalizada, depositou-se muita expectativa com relação à formação docente, o que de fato acabou por não acontecer. Nesta discussão, gostaria de levantar um ponto que muitas vezes não aparece. Quando me refiro à formação docente, estou diretamente vinculando todas as etapas de formação da EJA e não somente as classes de alfabetização, pois estas, me parece, conseguiram manter certo fio condutor.

Desde o momento em que a EJA é escolarizada, colocamo-nos o desafio de manter as características que a constituíram (a educação popular como berço dos movimentos de alfabetização, suas metodologias e princípios). No entanto, ao especializar-se ou escolarizar-se, fez-se necessário "aderir" aos processos educativos mais rígidos, dados pela escola formal, o que descaracterizou os ideais que se tinha com a escolaridade de jovens e adultos. Retomar isso, me parece, é um dos maiores desafios da EJA atualmente. (Karine)

Concluindo, saliento que compreender a educação popular em relação à escola e seus processos formativos, instituídos pelo Estado, é uma questão que tem nos desafiado há longo tempo. Quando exploramos as articulações teóricas da educação popular – capítulo II –, percebemos que a escola, como forma de controle social, bem como as brechas e os limites do poder hegemônico, são elementos tematizados e discutidos na sua base. As possibilidades de resistência e ruptura emergem, demonstrando que, não necessariamente, devemos abrir mão da ação dentro dos processos formais, como é o caso da escolarização. Pensar a educação popular é, ao mesmo tempo, promover o enfrentamento do poder controlador e instituir estratégias de luta e resistência a ele, mesmo por dentro do sistema oficial, até porque o sistema escolar não é a única fonte de educação. Se a escolarização formal é um grande projeto de controle social, é preciso lembrar que os educadores, entre seus sujeitos, são os executores privilegiados desse projeto.

Os educadores podem exercer grande influência no desenvolvimento da educação formal, a partir de seus horizontes políticos e pedagógicos. Se a escola visa à formação de um cidadão específico, complementada por sua inserção na sociedade sob a ótica do capital, é possível executar tal projeto de distintas formas. Uma, permeada pela ideologia dominante e tipicamente pragmática, institui a concorrência nas experiências formativas, preparando a adaptação. Outra, desenvolvida na perspectiva de um paradigma pedagógico crítico e utópico com relação à sociedade, ensina e capacita para a inserção como momento necessário, porém no final do processo. Em outras palavras, educadores e educadoras podem desenvolver seu trabalho aderindo de forma mecânica ao projeto, ou, executá-lo de acordo com as suas convicções particulares. Por acaso, estar na escola exige que os educadores apaguem suas visões de ser humano e de mundo, ignorem seus compromissos de classe e ideais políticos?

Não creio ser o caso de sermos pessimistas e aceitar a desvinculação entre práticas formais de educação, como a EJA, e os princípios da educação popular. É claro, fazer educação popular na perspectiva ortodoxa, retomando as metodologias tradicionais dessa proposta, seria impraticável na escola. Mas cabe questionar: a educação popular não requer abertura, assunção de enfrentamentos e atuação em meio a tensões e contradições as mais diversas? Por exemplo, diante de uma grade curricular a cumprir, o que pode o educador? É preciso lembrar que o currículo é formado por temas, os quais deverão ser abordados em sala de aula. Porém, os modos de fazer isso, a metodologia de trabalho e os fundamentos das experiências educativas não estão decididos ou mesmo previstos pelo Estado. Eis uma possibilidade de, relativizando o potencial da ação docente, fazer educação popular em ambientes formais, como na EJA, sem ignorar a existência de limites e condicionantes para isso. (Sandro)

Educação popular na *web*

Alforja: http://www.cepalforja.org/
Nesse *website*, há uma biblioteca virtual que traz diversos materiais teóricos sobre sistematização de experiências, livros, artigos e materiais multimídia. Também é apresentada uma lista de *sites* relacionados à temática.

**Centro de Referência Paulo Freire:
http://www.paulofreire.org/centro-de-referencia/**
Nesse *site*, pode-se visualizar a história do Centro de Referência Paulo Freire, cujo objetivo é propagar a memória e o legado desse educador, por meio da divulgação de textos, imagens, áudios e vídeos entre outros materiais referentes à educação popular.

Conselho de Educação de Adultos da América Latina (Ceaal): http://www.ceaal.org/
Atualmente é denominado de Conselho Popular da América Latina e do Caribe. Nesse *site*, é possível localizar diversos materiais sobre educação popular e agendas de atividades realizadas por esse movimento fundado em uma pedagogia crítica, democrática dialógica.

**Fórum de Educação Popular (Frepop):
http://www.frepop.org.br/**
Esse *site* traz a história do Fórum de Educação Popular (Frepop), que nasceu no Fórum Social Mundial de 2002. Ele foi construído por um grupo de

pessoas engajadas no projeto de transformação societário, cujo mote foi discutir a educação popular por meio de temas geradores em reuniões locais e em seminário nacional, articulando-se por redes de educação popular que atuam no Brasil e na América Latina.

Fóruns de EJA: http://forumeja.org.br/paulofreire

Nesse endereço, é possível conhecer a história dos Fóruns de EJA do Brasil e acompanhar as atuais discussões nos estados e Distrito Federal. Além de ser um espaço de discussões, o portal traz uma ampla indicação de materiais de estudos, contemplando diferentes temáticas, agendas e relatos dos encontros realizados pelos fóruns de EJA, bem como indicações de cursos e de eventos.

Instituto Paulo Freire (IPF):
http://www.paulofreire.org/

Nesse endereço eletrônico, é possível conhecer o processo de constituição do Instituto Paulo Freire (IPF), localizado na cidade de São Paulo e criado em 1991. Ali estão materiais para estudos, projetos e programas desenvolvidos pelo Instituto. É possível acompanhar as agendas de encontros de estudo e reflexão sobre a pedagogia freiriana. É importante destacar que o IPF se constitui em uma rede internacional que integra pessoas e instituições em mais de noventa países.

Movimento Fé e Alegria:
http://www.fealegria.org.br

Esse *site* se refere a um movimento internacional de educação popular, desde sua constituição até o presente momento. Contém a memória do trabalho realizado nos centros educativos a partir da concepção de educação popular, bem como é possível localizar os temas de atuação e publicações dos seus campos de atuação.

Paulo Freire, Pontifícia Universidade Católica de São Paulo (PUC-SP): http://www.pucsp.br/paulofreire/

Esse *site*, organizado pela Faculdade de Educação da PUC-SP, é coordenado pela professora doutora Ana Maria Saul. Nesse portal, pode-se conhecer a experiência de Paulo Freire como educador, tanto no contexto escolar quanto no não escolar.

Rede de Educação Cidadã (Recid): http://recid.redelivre.org.br/

Nesse endereço eletrônico, é possível conhecer o projeto de gestão político-pedagógico e administrativo-financeiro compartilhado. A instituição surgiu a partir de uma articulação de diversos atores sociais, entidades e movimentos populares do Brasil que assumem a educação popular como projeto democrático e soberano nacional. É importante ressaltar que a Recid possui uma parceria com o Instituto Paulo Freire e a Secretaria Especial de Direitos Humanos. Entre as atividades desenvolvidas, destacamos a formação de lideranças e a partilha de diversos materiais por meio de um *link* denominado "biblioteca recid".

Rosa dos Ventos: http://www.sitiodarosadosventos.com.br/

É um portal organizado pelo professor e educador popular Carlos Rodrigues Brandão. Nele encontramos um *link* denominado "livro", em que há um acervo de materiais sobre educação popular. Ao acessar o endereço eletrônico, é possível conhecer a história da *Rosa dos Ventos*, que é um espaço de diálogos, estudos, trabalho e de partilha de experiências.

Referências

ADAMS, Telmo; MORETTI, Cheron Z. Pesquisa participativa e educação popular: epistemologias do sul. *Educação & Realidade*, Porto Alegre, v. 36, n. 2, p. 447-63, maio/ago. 2011.

ADORNO, Theodor W. *Educação e emancipação*. Trad. Wolfgang Leo Maar. Rio de Janeiro: Paz e Terra, 2003.

ALTHUSSER, Louis. *Aparelhos ideológicos de Estado*. Trad. Walter José Evangelista e Maria Laura Viveiros de Castro. Rio de Janeiro: Graal, 1983.

ANDREOLA, Balduíno A.; RIBEIRO, Mário Bueno. *Andarilho da esperança*: Paulo Freire no Conselho Mundial de Igrejas. São Paulo: Aste, 2005.

ARROYO, Miguel Gonzalez. Pedagogias em movimento: o que temos a aprender dos movimentos sociais? *Currículo sem Fronteiras*, Belo Horizonte, v. 3, n. 1, p. 28-49, jan./jun. 2003.

ARANHA, Maria Lúcia de Arruda. *Filosofia da Educação*. 2. ed. São Paulo: Moderna, 1996.

ASTRAIN, Ricardo S. *Ética intercultural*: re(leituras) do pensamento latino-americano. São Leopoldo: Nova Harmonia, 2010.

AZEVEDO, Fernando de; TEIXEIRA, Anísio; FILHO, M. Bergstrom Lourenço et al. *O manifesto dos pioneiros da educação nova (1932)*. In: Revista HISTEDBR On-line, Campinas, n. especial, p. 188–204, ago. 2006.

BAKHTIN, Mikhail. *Marxismo e filosofia da linguagem*. Trad. Michel Lahud e Yara Vieira. São Paulo: Hucitec, 2006.

BEISIEGEL, Celso de Rui. *Política e educação popular*: a teoria e a prática de Paulo Freire no Brasil. São Paulo: Ática, 1992. (Ensaios).

Referências

BRANDÃO, Carlos Rodrigues. A cultura do povo e a educação popular. In: _____. *A cultura do povo e a educação popular*. 2. ed. São Paulo: Brasiliense, 1980.

_____. *A educação como cultura*. São Paulo: Brasiliense, 1985.

_____. *A pergunta a várias mãos:* a experiência da pesquisa no trabalho do educador. São Paulo: Cortez, 2003. v. 1. (Saber com o outro).

_____. *Cultura rebelde:* escritos sobre a educação popular ontem e agora. São Paulo: Editora e Livraria Instituto Paulo Freire, 2009.

_____ (Org.). *De Angicos a Ausentes*: 40 anos de educação popular. Porto Alegre: Mova; Corag, 2001.

_____. *Diário de campo:* a antropologia como alegoria. São Paulo: Brasiliense, 1982.

_____. Educação popular e pesquisa participante: um falar algumas lembranças, alguns silêncios e algumas sugestões. In: STRECK, Danilo R.; SOBOTTKA, Emil A.; EGGERT, Edla (Orgs.). *Conhecer e transformar:* pesquisa-ação e pesquisa-participante em diálogo internacional. Curitiba: CRV, 2014. p. 39-73.

_____. *O que é educação?* 57. reimp. São Paulo: Brasiliense, 2013.

_____ (Org.). *Pesquisa participante*. 8. ed. 3. reimp. São Paulo: Brasiliense, 2006.

_____; ASSUMPÇÃO, Raiane. *Cultura rebelde*: escritos sobre a educação popular ontem e agora. São Paulo: Editora e Livraria Instituto Paulo Freire, 2009.

BORGES, Liana da Silva. *A alfabetização de jovens e adultos como movimento:* um recorte na genealogia do Mova. 2009. Tese. Pontifícia Universidade Católica do Rio Grande do Sul, Porto Alegre, 2009.

BOURDIEU, Pierre. *Sobre a televisão*. Trad. Maria Lúcia Machado. Rio de Janeiro: Jorge Zahar, 1997.

BRASIL. Ministério do Desenvolvimento Social e Combate à Fome. *Orientações Técnicas*: Centro de Referência de Assistência Social. Brasília, DF: MDS, 2009.

_____. Ministério da Administração Federal e Reforma do Estado/Secretaria da Reforma do Estado/Organizações Sociais. *Cadernos MARE da reforma do estado*. Brasília: Ministério da Administração e Reforma do Estado, 1998. v. 2. 74 p.

_____. *Norma Operacional Básica do Sistema Único de Assistência Social (NOB/SUAS)*. Brasília, DF: 2004. Disponível em: http://www.mds.gov.br/assistenciasocial/secretaria-nacional-de-assistencia-social-snas/cadernos/politica-nacional-de-assistencia-social-2013-pnas-2004-e-norma-operacional-basica-de-servico-social-2013-nobsuas. Acesso em: 2 mai. 2014.

_____. Resolução n.º 130, de 25 de julho de 2005. Brasília, 2005. Disponível em: http://www.mds.gov.br/cnas/legislacao/resolucoes/arquivos-2005/CNAS%202005%20-%20130%20-%2015.07.2005.doc Acesso em: 2 mai. 2014.

CALADO, Alder Júlio Ferreira. *Educação popular nos movimentos sociais no campo*: potencializando a relação macro-micro no cotidiano como espaço de exercício da cidadania. In: BRAYNER, Flávio Henrique Albert; SOUZA, João Francisco de (Orgs.). *A dúvida e a promessa*: educação popular em tempos difíceis. 1. ed. Recife: Nupep/UFPE, 1999. p. 17-40. v. 1

_____ (Org.). *Revisitando Paulo Freire*: diálogo, prática docente, corpo consciente e inspiração cristã-marxiana. João Pessoa: Ideia, 2008. v. 1.

CAPPI, Riccardo. Mediação e prevenção da violência. In: VELOSO, Marília Lomanto; AMORIM, Simone; LEONELLI, Vera. *Mediação popular*: uma alternativa para a construção da justiça. Salvador, [s/e], 2009.

CHARÃO, Iria. Despertar cidadãos. In: STRECK, Danilo R.; EGGERT, Edla; SOBOTTKA, Emil A. (Orgs.). *Dizer a sua palavra*: educação cidadã, pesquisa participante, orçamento público. Pelotas: Seiva, 2005.

COSTA, Antônio Carlos Gomes da. *Aventura pedagógica*: caminhos e descaminhos de uma ação educativa. São Paulo: Columbus, 1990a.

_____. Trabalho com infratores: uma ciência árdua e sutil. *Cadernos Fundap*, São Paulo, ano 10, n. 18, p. 51-60, ago. 1990b.

_____. *Por uma pedagogia da presença*. Belo Horizonte, 1997. Disponível em: <http://www.buscalegis.ufsc.br/revistas/files/anexos/28283-28294-1-PB.htm>. Acesso em: jun. 2014.

COSTA, Marisa Vorraber; SILVEIRA, Rosa Hessel; SOMMER, Luis Henrique. Estudos Culturais, Educação e Pedagogia. *Revista Brasileira de Educação*, Rio de Janeiro, n. 23, maio/jun./jul./ago. 2003.

DEMO, Pedro. *Pesquisa participante*: saber pensar e intervir juntos. 2. ed. Brasília, DF: Líber Livro Editora, 2008.

DEWEY, John. *Democracia e educação*: introdução à Filosofia da Educação. São Paulo: Cia. Editora Nacional, 1979.

DUSSEL, Enrique. *Ética da libertação*: na idade da globalização e da exclusão. Trad. Ephraim Alves e Lucia Orth. Petrópolis: Vozes, 2000.

FALS BORDA, Orlando. Aspectos teóricos da pesquisa participante. In: BRANDÃO, Carlos Rodrigues (Org.). *Pesquisa participante*. São Paulo: Brasiliense, 1999.

_____. La investigación participativa y el proceso de generación de conocimientos. In: NÚÑEZ, Carlos H.; FALS BORDA, Orlando; CARUSO, Arles. *Investigación participativa y educación popular em América Latina hoy*. Guadalajara: Imdec, 1990.

FALS BORDA, Orlando. Posibilidad y necesidad de un socialismo autóctono en Colombia. In: _____. *Antología*. Prefácio de José María Rojas Guerra. Bogotá: Universidad Nacional de Colombia, 2010. p. 325-36.

_____. *Subversión y cambio social*. Bogotá: Tercer Mundo; Ediciones Edward, 1968.

_____. Una sociología sentipensante para América Latina. In: _____. *Antología*. Bogotá: Siglo del Hombre Editores y Clacso, 2009.

FREIRE, Paulo. *Ação cultural para a liberdade e outros escritos*. 5. ed. Rio de Janeiro: Paz e Terra, 1981.

_____. *A educação na cidade*. 7. ed. São Paulo: Cortez Editora, 2006.

_____. *Educação como prática da liberdade*. 22. ed. Rio de Janeiro: Paz e Terra, 1996a.

_____. *Pedagogia da autonomia*: saberes necessários à prática educativa. São Paulo: Paz e Terra, 1996b.

_____. *Pedagogia da esperança*: um reencontro com a pedagogia do oprimido. Rio de Janeiro: Paz e Terra, 1997.

_____. *Pedagogia do oprimido*. 38. ed. Rio de Janeiro: Paz e Terra, 2004.

_____; SHOR, Ira. *Medo e ousadia:* o cotidiano do professor. Trad. Adriana Lopez. 2. ed. Rio de Janeiro: Paz e Terra, 1986.

FORNET-BETANCOURT, Raúl. *Religião e interculturalidade*. São Leopoldo: Nova Harmonia; Sinodal, 2007.

GADOTTI, Moacir (Org.). *Paulo Freire:* uma biobibliografia. São Paulo: Cortez Editora; Instituto Paulo Freire/ Brasília, DF: Unesco, 1996.

_____. Realidade. In: STRECK, Danilo; REDIN, Euclides; ZITKOSKI, Jaime José (Orgs.). *Dicionário Paulo Freire*. Belo Horizonte: Autêntica, 2010. p. 343-5.

GOHN, Maria da Glória. Educação popular na América Latina no novo milênio: impactos do novo paradigma. *Revista Educação Pública*, Cuiabá, v. 11, n. 19, p. 97-128, jan./jun. 2002.

GRAMSCI, Antônio. Introdução ao estudo da filosofia: a filosofia de Benedetto Crocce. *Cadernos do cárcere*. Trad. Carlos Nelson Coutinho. Rio de Janeiro: Civilização Brasileira, 2001. v. 1.

GUARESCHI, Pedrinho. Empoderamento. In: STRECK, Danilo R.; REDIN, Euclides; ZITKOSKI, Jaime J. (Orgs.). *Dicionário Paulo Freire*. Belo Horizonte: Autêntica, 2010.

HABERMAS, Jürgen. *Teoria de la acción comunicativa I*. Madri: Taurus, 2003.

HADDAD, Sérgio; DI PIERRO, Maria Clara. Escolarização de jovens e adultos. *Revista Brasileira de Educação*, n. 14, p. 108-30, mai./ago. 2000.

HARVEY, David. *Neoliberalismo*: história e implicações. São Paulo: Loyola, 2013.

IVO, Anete Brito Leal. *Viver por um fio*: pobreza e política social. São Paulo: Annablume, 2008.

JARA H., Oscar. *La sistematización de experiências*: práctica y teoria para otros mundos posibles. San José: Centro de Estudios y Publicaciones Alforja, 2012.

_____. Sistematização das experiências: algumas apreciações. In: BRANDÃO, Carlos R.; STRECK, Danilo R. (Orgs.). *Pesquisa participante*: o saber da partilha. Aparecida: Ideias Et Letras, 2006. p. 227-43.

_____. *Sistematización de experiencias, investigación y evaluación*: aproximaciones desde tres ángulos. Disponible en: <http://educacionglobalresearch.net/issue01jara/>. Acceso en: 26 jul. 2014.

LA TAILLE, Yves de; OLIVEIRA, Marta Kohl de; DANTAS, Heloysa. *Piaget, Vygotsky, Wallon*: teorias psicogenéticas em discussão. São Paulo: Summus, 1992.

LEFEBVRE, Henri. *Metafilosofia*. Rio de Janeiro: Civilização Brasileira, 1967.

LENKERSDORF, Carlos. *Aprender a escuchar*. 2. ed. México: Plaza Y Valdés, 2011.

LIMA, Licínio Carlos. Políticas educativas e educação popular. In: RAMOS et al (Orgs.). *Investigação ação participativa*. Recife: Nupep/Edições Bagaço, 2006

MARCOS, subcomandante insurgente. Chiapas: a décima terceira estela. Segunda Parte: uma morte. México, jul. 2003. In: MORETTI, Cheron Zanini (Org.). *Coletânea de comunicados, declarações, cartas e artigos de jornais e revistas sobre Chiapas e o zapatismo*. Trad. Emilio Gennari. São Leopoldo: [s. n.], 2014. p. 159-61. CD-ROM.

MARTÍ, José. *Educação em nossa América*: textos selecionados. Organização e apresentação de Danilo R. Streck. Ijuí: Unijuí, 2007.

_____. Reforma esencial en el programa de las Universidades Americanas. La América, Nueva York. In: _____. *Obras completas*. La Habana: Editorial de Ciencias Sociales. 1991. v. 8.

_____. Professores ambulantes. In: _____. *Nossa América*. 3. ed. São Paulo: Hucitec, 2006. p. 83-6.

MARX, Karl. *O Manifesto do Partido Comunista*. Porto Alegre: L&PM, 2001.

McLAREN, Peter. *Multiculturalismo crítico*. 3. ed. Trad. Bebel Orofino Schaefer. São Paulo: Cortez, 1997.

MELIÁ, Bartomeu. Educação guarani segundo os Guarani. In: STRECK, Danilo R. *Fontes da pedagogia latino-americana*: uma antologia. Belo Horizonte: Autêntica, 2010.

MELUCCI, Alberto. *O jogo do eu*: a mudança de si em uma sociedade global. São Leopoldo: Ed. Unisinos, 2004.

MONTAÑO, Carlos. *Terceiro Setor e questão social*: crítica ao padrão emergente de intervenção social. 3. ed. São Paulo: Cortez Editora, 2005.

MORIN, Edgar. *Introdução ao pensamento complexo*. Trad. Eliane Lisboa. Porto Alegre: Sulina, 2011.

MORETTI, Cheron Z. *Educação popular em José Martí e no Movimento Indígena de Chiapas:* a insurgência como princípio educativo da pedagogia latino-americana. 2008. 186p. Dissertação (Mestrado em Letras). Universidade Unisinos, São Leopoldo, 2008.

_____. *Nosso norte é o sul:* colonialidade do conhecimento e a pedagogia da insurgência na América Latina. 2014. 173p. Tese (Doutorado em Educação). Universidade Unisinos, São Leopoldo, 2014.

PALUDO, Conceição. *Educação popular em busca de alternativas:* uma leitura desde o campo democrático e popular. Porto Alegre: Camp; Tomo Editorial, 2006.

_____. Movimentos sociais e educação popular: atualidade do legado de Paulo Freire. In: STRECK, Danilo et al. (Orgs.). *Leituras de Paulo Freire:* contribuições para o debate pedagógico contemporâneo. Brasília, DF: Liber Livro Editora, 2010.

PAULO, Fernanda dos Santos. *A formação do(as) educadores(as) populares a partir da práxis:* um estudo de caso da Aeppa. 2013. 278 f. Dissertação (Mestrado). Programa de Pós-Graduação em Educação. Universidade Federal do Rio Grande do Sul, Porto Alegre, 2013.

PERICÁS, Luiz Bernardo. José Carlos Mariátegui: educação e cultura na construção do socialismo. In: STRECK, Danilo R. (Org.). *Fontes da pedagogia latino-americana*: uma antologia. Belo Horizonte: Autêntica, 2010, p. 247-57.

PITANO, Sandro de Castro; GHIGGI, Gomercindo. Autoridade e liberdade na práxis educativa de Paulo Freire e o conceito de autonomia. *Revista Saberes*, Natal, v. 2, n. 3, dez. 2009. Disponível em: <http://www.cchla.ufrn.br/saberes>. Acesso em: abr. 2014.

PREISWERK, Matthias. *Educación popular y teologia de la liberación*. San José: Dei, 1994.

PUIGGRÓS, Adriana. La disputa por la educación en América Latina. Hegemonía y alternativas. In: SOLLANO, Marcela Gómez; ZASLAV, Martha Corenstein. *Reconfiguracíon de lo educativo en América Latina*: experiências pedagógicas alternativas. México: Unam, 2014. p. 103-19.

_____. Domingo F. Sarmiento ou os antagonismos da cultura e da educação argentinas. In: STRECK, Danilo R. (Org.). *Fontes da pedagogia latino-americana*: uma antologia. Belo Horizonte: Autêntica, 2010. p. 105-15.

ROMÃO, José E.; GADOTTI, Moacir. *Educação de adultos*: cenários, perspectivas e formação do educador. Brasília, DF: Liber Livro, 2008.

SANTORO FRANCO, Maria Amélia. A pesquisa-ação na prática pedagógica: balizando princípios metodológicos. In: STRECK, Danilo R.; SOBOTTKA, Emil A.; EGGERT, Edla (Orgs.). *Conhecer e transformar*: pesquisa-ação e pesquisa participante em diálogo internacional. Curitiba: Editora CRV, 2014. p. 217-35.

SARTI, Cynthia Andersen. O jovem na família: o outro necessário. In: NOVAES, Regina; VANNUCHI, Paulo (Orgs.). *Juventude e sociedade:* trabalho, educação, cultura e participação. São Paulo: Fundação Perseu Abramo, 2004.

SARTRE, Jean-Paul. *A engrenagem*. Lisboa: Presença, 1980.

SOUSA SANTOS, Boaventura de. *Renovar a teoria crítica e reinventar a emancipação social*. São Paulo: Boitempo, 2008.

SOUZA, João Francisco de. *A democracia dos movimentos sociais populares:* uma comparação entre Brasil e México. Recife: Bagaço, 1999.

SECRETARIA GERAL DA PRESIDÊNCIA DA REPÚBLICA. Marco de referência da educação popular para as políticas públicas. Brasília, DF, 2014. Disponível em: http://conae2014.mec.gov.br/images/pdf/MarcodeReferencia.pdf>. Acesso em: jun. 2014.

SUPREMO TRIBUNAL FEDERAL. Resolução n. 191, de 10 de novembro de 2005. Brasília, DF, 2005. Disponível em: <http://www.mds.gov.br/acesso-a-informacao/legislacao/assistenciasocial/resolucoes/2005/Resolucao%20CNA%

20no%20191-%20de%2010%20de%20novembro%20 de%202005.pdf/view>. Acesso em: 2 mar. 2014.

STRECK, Danilo R. José Martí e a formação de nossa América. In: _____ (Org.). *Fontes da pedagogia latino-americana*: uma antologia. Belo Horizonte: Autêntica, 2010. p. 135-47.

_____; ADAMS, Telmo; MORETTI, Cheron Z. Simón Rodríguez, crítico da imitação. In: STRECK, Danilo R. (Org.). *Fontes da pedagogia latino-americana*: uma antologia. Belo Horizonte: Autêntica, 2010. p. 55-69.

_____; ESTEBAN, Maria Teresa (Orgs.). *Educação popular:* lugar de construção social coletiva. Petrópolis: Vozes, 2013.

THIOLLENT, Michel. Pesquisa-ação e pesquisa participante: uma visão de conjunto. In: STRECK, Danilo R; SOBOTTKA, Emil A.; EGGERT, Edla (Orgs.). *Conhecer e transformar*: pesquisa-ação e pesquisa participante em diálogo internacional. Curitiba: Editora CRV, 2014. p. 15-25.

TORRES, Carlos Alberto. *Democracia, educação e multiculturalismo*. Petrópolis: Vozes, 2001.

TORRES CARRILLO, Alfonso. A educação popular como prática política e pedagógica emancipadora. In: STRECK, Danilo R.; ESTEBAN, Maria Teresa (Orgs.). *Educação popular:* lugar de construção social coletiva. Petrópolis: Vozes, 2013.

WANDERLEY, Luiz Eduardo W. Apontamentos sobre educação popular. In: VALLE, João E.; QUEIROZ, José (Orgs.). *A cultura do povo*. São Paulo: Cortez Editora, 1979.

WEINBERG, Gregorio. *Modelos educativos en la historia de América Latina*. Buenos Aires: A-Z Editora, 1984.

ZITKOSKI, Jaime José. *Paulo Freire e a educação*. Belo Horizonte: Autêntica, 2010.

Autores

Cheron Z. Moretti é professora no Programa de Pós-Graduação em Educação e do Departamento de Educação da Universidade de Santa Cruz do Sul (Unisc); doutora e mestra em Educação e licenciada em História pela Unisinos; também integra o grupo de pesquisa Mediações Pedagógicas e Cidadania, nessa universidade, em que realiza estudos de pós-doutoramento júnior com bolsa do Conselho Nacional de Desenvolvimento Científico e Tecnológico (CNPq).

Danilo R. Streck é professor do Programa de Pós-Graduação em Educação da Universidade do Vale do Rio dos Sinos (Unisinos). Doutorou-se em Educação pela Rutgers University, em Nova Jersey, e realizou estudos de pós-doutorado na Universidade da Califórnia (Ucla) e no Max-Planck Institute for Human Development, em Berlim. É editor do *International Journal of Action Research*.

Fernanda S. Paulo é educadora popular, militante da Associação de Educadores Populares de Porto Alegre, professora do Instituto Brava Gente nos cursos de extensão e especialização em Educação Popular e Movimentos Sociais. Também trabalha na Rede Estadual do Rio Grande do Sul, atuando no Ensino Médio Politécnico. Atualmente, é doutoranda do Programa de Pós-Graduação em Educação da Unisinos.

Karine Santos é pedagoga e mestre em Educação. É doutoranda em Educação pela Unisinos e integrante do grupo de pesquisa Mediações Pedagógicas e Cidadania, da mesma universidade. Leciona na rede municipal de ensino da cidade de São Leopoldo (RS).

Marilene Alves Lemes é pedagoga na Secretaria de Desenvolvimento Social da Prefeitura Municipal de Novo Hamburgo e doutoranda em Educação na Unisinos.

Sandro de Castro Pitano é professor do Instituto de Ciências Humanas da Universidade Federal de Pelotas (UFPel). Doutorou-se em Educação pela Universidade Federal do Rio Grande do Sul (UFRGS) e realizou estudos de pós-doutorado na Universidade do Vale do Rio dos Sinos (Unisinos).